CARMEN BLAZEJEWSKI

Das Kinderzimmer vom lieben Gott

Bilder von
Katrin Engelking

Verlag Friedrich Oetinger · Hamburg

Gefördert mit Mitteln des
Ministeriums für Wissenschaft, Forschung und Kultur
des Landes Brandenburg.

Einband und Illustrationen von Katrin Engelking
Satz: Utesch Satztechnik GmbH, Hamburg
Lithos: Gries GmbH, Ahrensburg
Druck und Bindung: Offizin Andersen Nexö Leipzig GmbH, Zwenkau
Printed in Germany 1996

ISBN 3-7891-3111-3

1

Vor einem Jahr ist bestimmt das Wichtigste in meinem ganzen bisherigen Leben passiert. Natürlich war es auch sehr wichtig, als ich meine beiden Meerschweinchen Panki und Alf bekam. Das war an meinem dritten Geburtstag. Jetzt bin ich acht Jahre alt. Mama sagt, das Wichtigste in ihrem bisherigen Leben ist, daß sie Papa gefunden hat und ich geboren bin. Geboren hat mich Mama in Berlin. Und vor einem Jahr wohnten wir auch noch dort. Genau wie Oma und Opa. Oma und Opa wollten nicht, daß wir wegziehen.
»Mußt du gerade jetzt wegziehen, wo Berlin wieder richtige Hauptstadt wird!« schimpften sie mit Papa.
Ich selber habe nie bemerkt, was an Berlin die Hauptstadt sein soll. Ich finde, jede Stadt ist doch gleich: große Häuser, überall Straßen, Unmengen Autos. Man kann Straßenbahn fahren oder Omnibus oder U-Bahn oder S-Bahn. Auf dem Bürgersteig drängeln sich die Menschen, alle wollen einkaufen, nur ich nicht. Was daran Besonderes sein soll, weiß ich nicht.
»Hauptstadt hin, Hauptstadt her, davon wird die Luft in Berlin auch nicht besser«, sagte Mama. »Hier kann man doch das Fenster nicht aufmachen, ohne sich zu vergiften!«
Eigentlich glaubt Mama, daß es gesund ist, bei offenem Fenster zu schlafen. Darum reißt sie es jeden Abend auf, kaum daß ich im

Bett liege. In Berlin hat sie es aber meist schnell wieder zugeknallt. Weil die Luft draußen eben nicht gesund war. Diese Luft machte mir einen Husten – nee! Mama und Papa versuchten alles mögliche, um mir zu helfen, der Husten hörte nicht auf.
Ich lag am anderen Morgen müder im Bett, als Mama mich am Abend zuvor hineingelegt hatte. Ich war manchmal so müde von dem Gehuste, daß ich irgendwann am hellen Tag eingeschlafen bin.
»Solange wir in Berlin wohnen, kriegt Line den Husten nicht los«, sagte Mama zu Oma und Opa. »Außerdem braucht sie endlich ein eigenes Zimmer. Ich kann nicht richtig arbeiten, wenn sie neben mir spielt.«
Mama arbeitet an der Schreibmaschine. Ich soll dann immer leise sein, denn wenn ich Mama störe, wird sie mit ihrerArbeit nicht fertig, und wir bekommen kein Geld. Ich gebe mir Mühe mit dem Leisesein. Aber jedesmal, wenn das Spiel am meisten Spaß macht, schimpft Mama, weil ich doch wieder laut gewesen bin.
»Ein Zimmer reicht nicht für uns drei«, sagte Mama.
Papa nickte. Ich nickte auch, denn ich wünschte mir schon lange ein eigenes Zimmer. Nur Oma schüttelte den Kopf.
»Euch geht es einfach zu gut«, sagte sie.
Oma und Opa sagen das eigentlich oft, denn sie haben vor langer Zeit den Krieg erlebt, wir aber nicht. Darum sind wir dann auch immer still. Aber dies eine Mal nicht.
»Wenn es jemandem gutgegangen ist, dann euch, und ihr wißt auch, warum. Weil ihr den ganzen Quatsch mitgemacht habt«, sagte Papa plötzlich.
Er sah Oma und Opa mit einem harten Gesicht an. Oma und Opa taten mir leid.

Sie tun mir immer leid, wenn Papa mit ihnen streitet oder über sie schimpft.
»Ja«, sagte Mama, »das ist alles furchtbar kompliziert.«
Ich kann dieses Wort »kompliziert« nicht leiden, weil es kein bißchen hilft, wenn etwas schlimm oder schwierig oder traurig ist. Also mir jedenfalls nicht.
Später, beim Abendbrot, als Oma und Opa schon lange gegangen waren und Papa wieder so aussah wie immer, da fragte ich ihn, was denn Oma und Opa für Quatsch mitgemacht hätten.
Papa antwortete: »Ich esse jetzt.«
Das stimmte, denn Papa löffelte gerade ein weichgekochtes Ei. Das ißt er genau wie ich am liebsten, aber trotzdem hätte er mir antworten können. Wir reden sonst ja auch beim Essen, weil Essen dann mehr Spaß macht.
Mama erinnerte Papa daran und mich erinnerte sie, daß es Papa nicht so gutging, weil er sich mit seinen Eltern gestritten hatte.
Das konnte ich sehr gut verstehen.
Am nächsten Tag hängte Papa vor jedes Fenster eine Decke, so daß es herrlich schummrig wurde im Zimmer. Er legte sich auf den Fußboden und kroch unter sein Bett.
»Mama, es gibt Kino!« rief ich und half Papa, die große Leinwand hervorzuziehen. Wir bauten den Projektor auf, holten die Kiste mit den Filmrollen und stellten drei Stühle nebeneinander.
Papa läutete mit der Glocke, wie sonst immer zur Weihnachtsbescherung, und wie sonst ich an Weihnachten kam jetzt Mama aus der Küche heraus und staunte und lächelte wunderschön mit ihrem Wischtuch überm Arm.
Wir nahmen alle Platz, und der Film begann.

Das Beste an unserem Kino ist, daß wir uns selber auf der Leinwand sehen. Am liebsten sehe ich natürlich mich und meine Meerschweinchen.
Jetzt waren erst einmal viele Menschen zu sehen. Nicht nur die Bürgersteige waren voll von Menschen, auch die Straßen. Für Autos war überhaupt kein Platz mehr. Die Leute trugen Plakate, Kerzen und Blumen und weiße Bänder um die Stirn oder im Knopfloch. Sie marschierten durch die Stadt und riefen etwas, was ich nicht verstehen konnte, denn unser Kino hat keinen Ton und keine Sprache. Die Leute bewegen den Mund, aber es kommt nichts heraus.
Da entdeckte ich endlich auch mich! Ich saß oben auf Papas Schulter, und Mama flüsterte: »Da bist du drei Jahre alt!«
Mama flüsterte das neben mir auf dem Stuhl, und oben auf der Leinwand stand sie neben Papa und reichte mir einen Apfel hinauf, in den ich sofort reinbiß, daß ich hätte meinen können, es hätte gekracht, aber das hatte es nicht. Auch der Biß in einen Apfel ist in unserem Kino stumm.
Oben auf der Leinwand war ich jetzt satt und schmiß den Apfelgriebs so weit weg, wie ich konnte, das war zwar nicht weit, ich war ja erst drei Jahre alt, aber immerhin traf ich eine Frau im Nacken. Sie faßte schnell nach hinten, denn sie wollte nicht, daß der Apfelgriebs in ihre Bluse rutschte. Sie hätte ja nun ärgerlich sein müssen mit mir, aber sie drehte sich um und lachte.
Mama neben mir auf dem Stuhl lachte auch, aber Mama auf der Leinwand oben sah eher besorgt aus. Ich fragte sie sofort, warum, denn ich kann es nicht aushalten, wenn meine Mama traurig aussieht, egal, ob neben mir auf dem Stuhl oder auf der Leinwand.

»Ich hatte Angst«, antwortete Mama. »Aber es ist ja Gott sei Dank nichts passiert.«
»Guck mal da!« rief Papa. »Das ist die Mauer!«

Erst konnte ich nicht erkennen, was er meinte. Dann aber sah ich eine lange Wand aus Beton, die sogar höher war als die Erwachsenen.
Ich wünschte mir sofort, über die Mauer gucken zu können. Vielleicht war dahinter etwas ganz Herrliches und Wunderbares – ein Märchenschloß mit verwunschenen Tieren oder das Schlaraffenland!
»Ja, mal über die Mauer gucken, das wollten wir alle!« sagte Papa.

»Aber das war verboten. Siehst du die Männer in den Uniformen? Das sind Soldaten. Sie mußten die Mauer bewachen.«
Vor der Mauer standen Männer in einer Reihe. Sie sahen alle gleich aus, weil sie alle das gleiche anhatten, eben Uniformen, und da – erkannte ich das richtig? –, die Männer trugen ja Gewehre!
»Sind die Gewehre denn echt?« fragte ich Mama.
Und als Mama mich fest an sich drückte in der Dunkelheit von unserem Zimmer, wußte ich, sie waren echt. Ich hätte nicht geglaubt, daß es echte Gewehre in meinem Leben gegeben hat! Jetzt war mir etwas unheimlich, und ich wollte lieber nicht mehr über die Mauer klettern.
»Papa, was ist denn hinter der Mauer?« fragte ich.
Und da sagte Papa: »Berlin.«
»Wieso Berlin?« Ich wunderte mich. Wir wohnten doch in Berlin! Und oben auf der Leinwand marschierten wir durch Berlin! Wenn hinter der Mauer nichts anderes als Berlin war – warum durften wir dann nicht dorthin?
»Ja«, sagte Papa, »da hast du nun den Quatsch.«
Ich verstand gar nichts.
Papa schaltete den Projektor aus und die Deckenlampe an. Ich mußte blinzeln in dem hellen Licht.
»Ich war ungefähr so alt wie du«, sagte Papa. »Es war früh am Morgen, ich flitzte im Schlafanzug durch die Wohnung. Vater, also dein Opa, wollte mich fangen. Da klingelte es. ›Wer zuerst an der Tür ist‹, schrie ich und riß die Tür schon auf. Vor mir standen zwei Männer in Uniform. Sie schoben mich beiseite und forderten Vater auf mitzukommen. Er holte eine Uniform aus dem Schrank und zog sie an. Ich hatte ihn noch nie in Uniform gesehen. Er faßte

noch einmal in den Schrank und nahm ein Gewehr heraus. Dann ging er mit den beiden fremden Männern mit. Er hat nicht mal ›Mach's gut‹ zu mir gesagt, wie er das sonst immer tat.«

»Was wollte Opa mit dem Gewehr?« fragte ich besorgt.

Papa stand auf. Er ging zum Fenster und sah hinaus.

»Damals ist Berlin geteilt worden«, sagte Mama leise. »Von einem Tag auf den anderen sollte es zwei Berlin geben. Die Leute aus dem einen Berlin durften mit denen im anderen Berlin nicht mehr sprechen. Sie sollten sich nicht mehr wiedersehen, nichts mehr gemeinsam machen dürfen. Darum wurde die Mauer gebaut.«

»Das hätte ich mir nicht gefallen lassen!« rief ich.

Papa fuhr herum.

»Das hätte sich keiner gefallen lassen«, sagte er. »Eine Grenze mitten durch die Stadt! Aber wenn es Männer gibt, die ein Gewehr in die Hand nehmen und bereit sind, auf die zu schießen, die sich über die Grenze wagen ...«

»Hat Opa denn geschossen?« Ganz schnell fragte ich das, denn beinahe hätte ich gar nicht mehr gewagt, so etwas zu fragen. Es war eine zu schreckliche Frage.

Papa kam langsam zu uns zurück. Er setzte sich. Mama legte ihre Hand auf seinen Arm.

»Geschossen hat dein Vater bestimmt nicht«, sagte sie leise.

»Bestimmt nicht, Papa!« rief ich und schmiegte mich an ihn und küßte sein Gesicht, damit er nicht mehr traurig aussah. Ich wußte plötzlich genau, daß Opa nicht geschossen hatte. So etwas würde mein Opa nie tun! Dazu ist er viel zu lieb.

»Er hätte besser gar nicht diese Uniform anziehen und mitgehen sollen«, sagte Papa.

Da hatte er nun wieder recht. Mama aber erklärte, Opa hätte auch nicht einfach nein sagen können.
»Vielleicht wäre er dann selbst erschossen worden oder ins Gefängnis gekommen«, sagte sie. »Und wer weiß, was aus Oma geworden wäre. Papa war damals ja noch klein. Bestimmt hatten sie Angst, beide ins Gefängnis zu kommen und ihr Kind allein zurückzulassen.«
Ich finde, ohne Eltern zu sein ist schrecklicher als alles, das ist viel schrecklicher als die Mauer. Oma und Opa wollten bestimmt nicht, daß Papa so was Schreckliches erleben muß. Sie wollten, daß mein Papa es gut hat als Kind. Sie wollten, daß er Eltern hat und ein eigenes Zimmer und gut zu essen und viele Spielsachen und Weihnachtsfeste und Osterfeste und Geburtstagsfeste und eine Zuckertüte zum Schulanfang. Darum haben sie lieber nichts gegen die Mauer gesagt.
»Und gegen den ganzen anderen Quatsch auch nicht«, sagte Papa. »Sie haben immer mitgemacht, bloß weil es befohlen war. Auch wenn sie wußten, daß es der größte Quatsch ist.
Aus Angst, es könnte ihnen schlechtergehen. Und mir haben sie noch Vorwürfe gemacht... Lassen wir das...«
Er wischte sich mit der Hand übers Gesicht.
»Jetzt kommt was Schönes«, sagte er zu mir und versuchte zu lächeln. Ach, ich hab meinen Papa so lieb!
Papa schaltete den Projektor wieder ein, und ich knipste schnell die Lampe aus. Da sah ich schon, wie meine Mama oben auf der Leinwand die Blume, die sie die ganze Zeit in der Hand gehalten hatte, einem der Männer hinter das Gewehr schob. Und dabei lächelte sie ihn an. Ein bißchen merkte man ihre Angst noch, trotz-

dem war das Lächeln schön. Der Mann mit dem Gewehr, hinter dem nun die Blume steckte, lächelte zwar nicht, aber er ließ die Blume da, wo Mama sie hingetan hatte. Ich glaube doch, daß er sich über die Blume gefreut hat. Er hielt ja ganz still, als ob er wollte, daß sie nicht runterfällt.
»Jedenfalls hat er nicht geschossen«, sagte Mama, »keiner hat an diesem Tag geschossen. Das war die Hauptsache.«
Und dann war der Film zu Ende. Das Licht des Projektors ging aus. Wir saßen plötzlich im Stockfinstern. Seltsamerweise stand keiner auf, um die Deckenlampe anzuschalten.
Ich kuschelte mich an Mama, und Mama schmiegte sich an Papa, und Papa legte den Arm um sie, das habe ich gefühlt, sehen konnte ich es ja nicht in dem Dunkel, aber sein Arm reichte um Mamas Rücken bis zu mir herum, und Papas Fingerspitzen streichelten meinen Hals.
Irgendwie war alles plötzlich schön und traurig zugleich. Ich hielt es einfach nicht mehr aus.
»Geht die Mauer denn niemals mehr weg?« fragte ich.
Da hat Mama laut gejuchzt und gerufen: »Line! Die Mauer ist schon lange weg! Dafür sind wir doch auf der Straße marschiert!«
»Ist das wirklich wahr? Haben wir die Mauer aufgemacht?« rief ich.
»Das kann man so ausdrücken«, sagte Papa. »Die Menschen auf der Straße haben zu der Mauer nein gesagt. Wenn man etwas nicht mehr haben will, muß man als erstes nein sagen.«
Das konnte ich leicht verstehen.
»Haben Oma und Opa auch nein gesagt?« fragte ich.
Papa schüttelte den Kopf.
»Aber du bist dabeigewesen, obwohl du noch so klein warst«, sagte

Mama. »Weißt du noch, wie wir uns das erste Mal die andere Seite von Berlin angesehen haben? Wir sind mitten in der Nacht mit dem Auto losgefahren. Es war eisig kalt, wir haben dich mit deinem dicken Federbett zugedeckt. Feuerwerkskörper knallten und leuchteten. Als wir auf der anderen Seite von Berlin angekommen waren, trommelten die Leute dort vor Freude mit den Fäusten auf dem Dach von unserem Auto herum und reichten uns Sektgläser herein und Schokolade und Bananen für dich. Weißt du das noch?«

Nein, ich wußte nichts mehr. Ich glaube, ich habe es genauso vergessen wie den Tag, an dem ich geboren wurde. Ich hab die Mauer gar nicht bemerkt. Für mich hat es die Mauer eigentlich nie gegeben.
Für meinen Papa dagegen war es das Wichtigste in seinem ganzen bisherigen Leben, daß die Mauer aufgegangen ist.
Bevor wir umgezogen sind, haben wir an einem Sonntagmorgen

einen Spaziergang da entlang gemacht, wo früher die Mauer gestanden hat. Einen Spaziergang konnte man das eigentlich nicht nennen, es war ein entsetzlich langer Weg und sehr langweilig.
Von der Mauer waren nur noch ein paar Reste zu sehen. Mama und Papa blieben immer wieder stehen und sahen sich diese Reste an.
Ich blieb auch immer wieder stehen, aber eben, weil ich keine Lust hatte spazierenzugehen.
Wozu denn? Zu Hause waren schon die Kisten und Koffer gepackt.
Ich wollte endlich umziehen.
Das Wichtigste in meinem ganzen bisherigen Leben ist, daß wir nach Vogelsang umgezogen sind.

2

Wer nach Vogelsang kommen will, muß lange suchen. Auf den meisten Landkarten ist es gar nicht drauf.
Weil Papa der einzige war, der den Weg nach Vogelsang kannte, fuhr er uns voran, damals, als es endlich soweit war und wir umgezogen sind.
Papa saß vorn in dem Lastwagen mit unserem einen halben Umzug, und ich saß mit Mama in dem Lastwagen dahinter, in dem unser anderer halber Umzug verstaut war.
Mama wollte, daß ich ein bißchen schlafe, weil es schon dunkle Nacht war. Aber ich schlafe fast nie und erst recht nicht, wenn wir umziehen.
Ich sperrte meine Augen weit auf. Wir durften auf keinen Fall die Rücklichter von Papas Lastwagen in der Finsternis verlieren!
Unser Lastwagen holperte, schwankte und legte sich in die Kurven, als wollte er mich vom Sitz schubsen. Mama hielt mich fest. Sie drückte ihre Stirn an die Scheibe, um im Dunkeln etwas zu erkennen.
»Es gibt keine Straße mehr«, brüllte sie. Sie mußte brüllen, weil der Lastwagen so laut dröhnte.
Mama sah den Fahrer besorgt an. Der hatte noch kein einziges Wort mit uns gesprochen. Auch jetzt sagte er nichts. Er schüttelte

nur den Kopf, zog seine schwarzen, buschigen Augenbrauen zusammen und hielt sich an dem großen Lenkrad fest. Plötzlich bremste er.

»Festhalten!« schrie Mama. »Festhalten!«

Ich krallte mich an Mamas Pullover fest.

Wir kippten beide nach vorn – der Lastwagen stand.

Ich rieb mir die Stirn.

»Wir sind da«, flüsterte Mama. Sie drückte mich an sich und küßte mein Ohr, in das sie hineingeflüstert hatte. Wenn etwas Wichtiges in unserem Leben passiert, flüstert oder schreit Mama, jedenfalls redet sie dann nicht normal.

Mama half mir aus dem Laster. Wo war mein Papa?

»Papa!« rief ich und flitzte los.

Durch ein paar Baumstämme schimmerte goldenes Licht, und in dem Licht stand mein Papa.

Mir war kalt. Jetzt erst fühlte ich, daß ich die ganze Zeit über gefroren hatte. Nein, es war nicht Winter. Es war Frühling, als wir umgezogen sind.

»Ich friere«, sagte ich, und Papa beugte sich zu mir herunter und nahm mich in seine Arme.

Im selben Augenblick ertönten laute, fröhliche Stimmen. Ein wunderschönes Mädchen mit blonden Haaren kam auf mich zu. Es war größer als ich, aber nur ein bißchen.

»Ich bin Laura«, sagte das Mädchen.

Papa ließ mich zu Laura hinunter. Sie hielt mir ein rundes Tablett aus blankem Holz hin. Auf dem Tablett waren Brotwürfel und Eier und ein Näpfchen mit Salz.

»Greif zu!« sagte Mama.

Ich nahm mir ein Ei, weil ich Eier sehr gern mag, und das Näpfchen mit dem Salz, denn das Salz ist das Beste am Ei.
Da lachte Laura, und die Stimmen sangen: »Willkommen! Willkommen!«
Jetzt nahm mich Mama auf den Arm. Und Papa nahm Mama auf den Arm, mit mir zusammen, denn er ist sehr stark, und er trug Mama und mich die vier Treppenstufen zum erleuchteten Eingang hinauf, und ich hielt mein Ei und mein Salz ganz fest.
Es wurde wieder dunkler, ich konnte nur zwei Matten auf einem Fußboden erkennen. Dort setzte Papa uns ab. Mama legte sich neben mich auf die Matte. Papa deckte uns zu, und ich hielt mein Ei und mein Salz ganz fest.
Die fröhlichen Stimmen »Willkommen! Willkommen!« wurden immer leiser. Ich hörte, wie eine fremde Tür sich leise schloß, und wußte, daß Papa noch mal hinausgegangen war. Aber ich wußte auch, daß Mama neben mir liegengeblieben war, denn ich konnte ihren Atem in meinem Haar fühlen, und ich hielt mein Ei und mein Salz ganz fest.
So ging die längste und dunkelste und erste wichtigste Nacht in meinem ganzen bisherigen Leben zu Ende. Natürlich habe ich nicht geschlafen. Ich habe kein Auge zugemacht.
Der Beweis ist, daß ich mein Ei und mein Salz immer noch genauso fest in den Händen hielt, als es endlich hell wurde. Ich aß das Ei sofort auf und leckte Salz, denn Mama und Papa schliefen noch und konnten es mir nicht wie sonst verbieten.
Dann sah ich mich in dem Zimmer um. Sollte das etwa unsere neue Wohnung sein? Nichts drin, aber auch rein gar nichts, nur die Schlafmatten und wir.

Nein, das war bestimmt nicht unser neues Zuhause! Ich stand auf, ging zum Fenster und sah hinaus. Ich streckte meine Hand nach dem Fenstergriff aus, drehte und zog an ihm, obwohl Mama mir das in Berlin immer verboten hatte. Ich könnte ja von weit oben aus dem Fenster auf die Straße fallen.
Die Luft wehte mich an, die Sonne schien warm auf meine Haut.
Ich schaute noch einmal zu Mama und Papa, kletterte auf das Fensterbrett, kniff die Augen fest zu und sprang hinaus.
Es war überhaupt nicht schlimm. Ich öffnete die Augen. Ich war auf einem riesigen Teppich aus Schneeglöckchen gelandet.
»Schneeglöckchen! Schneeglöckchen!« hörte ich Mamas Stimme rufen.
Sie kam im Nachthemd aus dem Haus gestürzt und klappte den Deckel von ihrem weißen Klavier auf. Das weiße Klavier stand sehr erstaunt unter dem blauen Himmel auf der Wiese, und Mama spielte darauf Musik.
Zwischen den Bäumen und Büschen entdeckte ich jetzt auch unseren Kleiderschrank und den Eßtisch und mein Spielzeugregal und Kisten, Kisten, Kisten.
»Wo ist denn nun aber Vogelsang?« fragte ich Mama.
Sie lachte und zog mich mit. Ich sollte mich neben sie in die Wiese legen und ganz still sein.
»Hörst du?« flüsterte Mama. »Das ist ein Buchfink, und das – das sind Meisen, und das ist der Gartenrotschwanz und das...«
»Wo denn?« fragte ich.
Ich sah keinen einzigen von den Vögeln, die Mama aufgezählt hatte.
»Du mußt hinhören«, flüsterte Mama, ohne ihre Augen zu öffnen.
»Horch! Das ist der Amselmann!«

Sie riß ihre Augen auf und zeigte auf einen schwarzen Vogel mit einem gelben Schnabel. Der Vogel hüpfte nicht weit entfernt von uns durchs Gras. Er hob sein Köpfchen und blitzte uns mit schwarzen Augen an. Dann breitete er die Flügel aus und flog davon.
»Leben hier etwa nur Vögel? Heißt es darum Vogelsang?« fragte ich.
»Jedenfalls gibt es hier mehr Vögel als Menschen!« rief Papa.
Er kam zu uns über die Wiese, genau wie wir im Nachthemd, und wollte uns endlich dieses ganze Vogelsang zeigen.
»Aber Papa«, sagte ich, »doch nicht so! Im Nachthemd!«
»Warum nicht«, meinte Papa. »Uns sieht ja keiner.«
Er marschierte los, den Berg hinterm Haus hinauf, und sein blaues Nachthemd flatterte. Mama und ich marschierten ihm nach, und unsere Nachthemden flatterten auch.

Auf dem Berg wehte ein heftiger Wind.
»Das ist unser Haus«, sagte Papa und zeigte hinunter auf dieses Haus, vor dem Mamas weißes Klavier und unsere anderen Möbel standen.
Ich wußte nicht, was ich von dem Haus halten sollte. Wie unser Haus sah es eigentlich nicht aus.
»Wie hast du dir unser Haus vorgestellt?« fragte Papa.
Ich überlegte. In meinem Kopf waren verschiedene Häuser drin, große und kleine, alle, die mir so in meinem bisherigen Leben gefallen hatten.
Ich sah mir die Häuser in meinem Kopf der Reihe nach an. Das einsame Haus da unten war nicht dabei. Also zuckte ich mit den Schultern.
»Jedenfalls nicht so grau und schmuddelig. Und so ein plattes schwarzes Dach gefällt mir auch nicht.«
»Schön ist es wirklich nicht«, gab Mama zu.
»Ja«, sagte Papa trotzig, »das ist es nun, was ich für uns gefunden habe.«
Er stapfte in seinem blauen Nachthemd durch das grüne Gras, das im Wind zitterte.
»Papa!« rief ich. »Papa!«
Er blieb stehen, drehte sich zu mir um und – lachte! Er breitete die Arme aus, und ich lief in seine Arme hinein. Papa hob mich hoch und drehte sich und drehte mich – die ganze Welt drehte sich!
Als Papa mich ins Gras stellte, stand die Welt wieder still. Sie lag unter mir ausgebreitet. Ich stand oben auf dem Berg und konnte alles auf einmal ansehen. Wälder, blaue Seen, Häuser, eine Windmühle, Kühe, Schafherden, Pferde, Zäune, Autos, einen Zug, Kirch-

türme, Kräne und ganz hinten das Meer mit weißen Schiffen drauf. Alles winzig klein, als wäre es aus einer Spielzeugkiste zu meinen Füßen ausgekippt worden. Auch dieses Haus, das unser Haus sein sollte, lag winzig klein unten am Berghang. Nah bei ihm, das entdeckte ich erst jetzt, stand ein roter Turm mit einem roten Dach. Lang und dünn und spitz wie ein roter Buntstift ragte er in den Himmel, als wartete er darauf, daß ihn jemand in die Hand nimmt. Plötzlich wußte ich auch, wer! Und ich wußte, wohin wir gezogen waren.

In das Kinderzimmer vom lieben Gott! Die Häuser, die Kühe, die Schiffe, die Bäume – das war alles sein Spielzeug. Am Abend würde er die Lichter anknipsen. Wenn etwas umkippte, würde er es aufheben. Und wenn etwas kaputtging, würde er es reparieren.

»Hurra!« schrie ich, schmiß mich ins Gras und kullerte den Berg auf seiner anderen Seite hinunter. Hinunter zu den Häusern, Kühen, Schiffen und...

»Hejaaa!« hörte ich Papa schreien.

»Hejaaa!« schrie auch Mama.

»Hejaaa! Hejaaa! Hejaaa!« schrie es.

Vor mir standen fremde Männer und Frauen.

»Hejaaa!« schrien sie alle, als Mama und Papa den Berg hinuntergekullert kamen.

Wir saßen mit unseren Nachthemden im Gras, und sie lachten uns aus.

Wütend sprang ich auf, drehte mich um und wollte davonlaufen.

»Warte!« rief jemand und hielt mich fest.

Es war Laura.

»Wir haben was für dich!« flüsterte sie mir ins Ohr.

Einer der Männer, der mit dem Schnurrbart, knöpfte seine Jacke auf, faßte hinein und angelte einen kleinen braunen Hund hervor. Ehe ich noch irgend etwas denken konnte, hatte ich den kleinen braunen Hund auf dem Arm. Er schnupperte an mir herum und zwackte mich in die Wange.
Die Zähne des Hundes hatten sich angefühlt wie spitze Nägel. Seine Zunge aber war fein glatt und naß. Der Hund leckte mich dort, wo er mich gebissen hatte.
»Patschke gibt Küßchen!« freute sich Laura.
»Dann sollst du Patschke behalten«, sagte die große Frau, die einen Zopf hatte, der ihr fast bis in die Kniekehlen reichte. »Frohe Ostern!«
»Frohe Ostern! Frohe Ostern!« wünschten auch Mama und Papa.
»Frohe Ostern!« rief die ganze Gesellschaft und wanderte den Berg hinauf, den wir eben heruntergekullert waren.
»Gagagagaaaag!« schrie es, und eine weiße Gans kam flatternd durch das Gras gelaufen.
Laura blieb stehen und drehte sich nach ihr um.
»Sonja, Sonja!« lockte sie.
Die Gans breitete ihre Flügel aus und watschelte hinter Laura her.
Den kleinen Hund fest an mich gedrückt, schaute ich der Gesellschaft nach.
»Sie wohnen alle mit uns in Vogelsang«, erklärte Papa.
Ich fragte mich bloß, wo.
»Unten, im Dorf!« Papa zeigte hinter den zweiten Berg. »Dort unten liegt Vogelsang.«
Ich konnte zwischen den Bäumen gerade mal einige Dächer erkennen. Inzwischen hatten die Vogelsänger sich in bunte Tupfen ver-

wandelt und verteilten sich über unseren Kullerberg wie Ostereier.
»Gagagag…« hörte ich Sonja noch leise.
»Darf ich Patschke wirklich behalten?« fragte ich und schmiegte mein Gesicht in sein flauschiges Fell.
»Ja«, sagte Papa, »er gehört dir.«
»Au! Patschke!« schimpfte ich.
Er hatte mich ins Ohr gezwackt und wedelte vergnügt mit dem Schwanz.

3

Wenn wir erst umgezogen sind, ist alles immer schön, hatte ich gedacht.
Ich wußte ja nicht, in was für ein kaputtes Haus wir einziehen würden! Nicht einmal das Dach war dicht, und Papa sagt: Das Dach ist das Wichtigste am Haus.
Mama und Papa hatten überhaupt keine Zeit mehr für mich. Sie mußten Möbel aufstellen, Kisten auspacken und dauernd an diesem Haus herumreparieren.
Und dann kam der Sturm! Es war mein erster Sturm in Vogelsang.
Heute kenne ich mich aus mit Sturm, aber damals hatte ich Angst.
Das Haus rumpelte und krachte, und Mama und Papa taten so, als hörten sie das nicht.
Mama spülte im Badezimmer Geschirr. War das umständlich! In Berlin hatten wir wenigstens ein Waschbecken in der Küche gehabt. Hier gab es nur einen Wasserhahn im Bad. Und unter dem Wasserhahn nicht etwa eine Wanne, sondern einen Eimer. Wieso sagten wir eigentlich Bad? Vielleicht, weil das einmal unser Bad werden sollte.
Papa kniete vor dem Ofen in der Küche. Er wollte heizen, aber es qualmte nur. Der Qualm kam rüber in mein Zimmer. Ich machte schnell die Tür zu.

Ohne das Küchenlicht wurde es stockfinster. In meinem Zimmer gab es nämlich kein Licht. Ich machte die Tür wieder auf, schmiß mich auf die Schlafmatte und starrte an die Decke. Dort war ein großer grauer Fleck, und von dem Fleck tropfte Regenwasser in meine alte Babybadewanne, die Mama aufgestellt hatte.
Ich hustete. Oma und Opa fielen mir ein, wie sie den Kopf schüttelten und »Ach Line, du wirst dich noch umgucken« gemurmelt hatten. Nein, so hatte ich mir mein Zimmer wirklich nicht vorgestellt!
Ich fühlte einen feuchten Stups an meiner Hand. Patschke wedelte mit dem Schwanz.
»Nein, Patschke, neinnein!« sagte ich. »Heute ist kein Wetter zum Spazierengehen.«
Patschke guckte mich mit seinen klugen braunen Augen an, lief in die Küche, setzte sich hinter Papa, hob seinen Schwanz und machte eine Pfütze.
Ich hätte nie gedacht, daß ein so kleiner Hund eine so große Pfütze machen kann!
Papa sprang auf und schimpfte. Seine Füße waren naß. Warum zieht er auch keine Hausschuhe an! Er riß sich die Socken herunter und schmiß sie vor mich hin.
Das fand ich gemein, denn schließlich hatte nicht ich die Pfütze gemacht!
Patschke schnappte sich einen von Papas Socken und fegte damit durch alle Räume.
»Nimm deinem Hund sofort meinen Socken weg!« schrie Papa. »Er soll ihn wohl noch zerreißen?«
Ich zog das Gesicht, mit dem ich Papa immer zeige, daß ich nicht machen will, was er sagt.

»Und dieses Gesicht möchte ich nicht mehr sehen!« schrie Papa. Das brauchte er auch nicht. Im selben Augenblick ging das Licht aus. Es war finster und still. Mama klapperte nicht mehr, Papa rumorte nicht, Patschke tobte nicht, und keiner von uns sagte ein Wort. Nur der Sturm jaulte.
»Hab keine Angst, Line«, hörte ich endlich Mamas Stimme.
Ein Streichholz flammte auf. Papa tappte im Schein des flackernden Lichts durch die Küche.
»Bleib steh'n!« befahl er.
Wenn er bloß nicht in Patschkes Pfütze tritt, betete ich.
Patschke fürchtete sich nicht im Dunkeln. Er hopste auf meinen Füßen herum.
»Ach, mein mutiges Hündchen!« lobte ich ihn.
Ich nahm ihn auf den Arm und fürchtete mich auch nicht mehr.
Papa zündete die Kerzen an. Ich hatte vorher nicht gewußt, wieviel Licht ein paar Kerzen geben können.

Mama klapperte und schepperte wieder im Bad, und Papa schraubte an den Sicherungen.
»Das versteh ich nicht«, murmelte er. »An den Sicherungen liegt es nicht.«
»Das Wasser ist weg!« rief Mama aus dem Bad.
»Das versteh ich nicht«, murmelte Papa wieder und drehte an dem Wasserhahn im Bad. Nach links. Nach rechts. Wieder nach links.

Umsonst. Ein einziger magerer Tropfen löste sich von dem Hahn. Sonst nichts.
Mama saß ganz klein auf der Küchenbank. Papa setzte sich neben sie.
»Das versteh ich nicht«, murmelte er ein letztes Mal.
»Ist doch egal!« versuchte ich Mama und Papa aufzumuntern. »Ihr könnt doch nichts dafür. Bestimmt ist der Sturm schuld.«
Ich rutschte zu ihnen auf die Küchenbank.
»Ich finde das eigentlich nicht so schlimm«, behauptete ich. »Ist doch gemütlich mit den Kerzen! Jetzt könnt ihr euch wenigstens mal ausruhen.«
Mama seufzte. Papa nahm meine Hand und rubbelte sie. Meine Hand war kalt. Seine aber auch. Das Rubbeln half uns ein bißchen.
Da sprang Papa auf. Was war das für ein Gepolter? Und dann ein Lichtschein! Und dann rief eine dunkle Stimme:
»Hejaaa! Ist jemand da?«
Die große Frau mit dem langen Zopf und der Mann mit dem Schnurrbart stolperten durch die Dunkelheit zu uns in die Küche.
»Bei Sturm fällt hier oft der Strom aus«, sagte die Frau. »Das Pumpwerk funktioniert dann auch nicht mehr, also gibt es kein Wasser.«
»Macht euch nichts draus!« sagte der Mann. »Als Vogelsänger müßt ihr euch daran gewöhnen.«
Mama seufzte. »Das ist leicht gesagt, aber in diesem Durcheinander...«
»Theo! Ich heiße Theo«, sagte der Mann und schüttelte Mamas Hand. »Und das ist Magda, meine Frau. Wir nehmen euch jetzt einfach mit zu uns.«
Papa trug mich durch die Finsternis. Patschke steckte unter

Mamas Jacke. Magda hatte Mama untergehakt. Theo ging mit der Taschenlampe vorneweg. So war es nicht schlimm, durch den Sturm zu wandern, sondern aufregend.
Als wir angekommen waren, wußte ich sofort: Genau so hatte ich mir unser Haus immer vorgestellt! Es war aus roten Ziegelsteinen gebaut und hatte ein Dach von Stroh, meinte ich damals. Heute weiß ich, daß es Reet heißt, womit die alten Bauernhäuser gedeckt sind, und daß Reet am Wasser wächst und im Winter, wenn es friert, geschnitten wird.
Das Schönste an dem Haus aber war, daß Laura darin wohnte. Kaum waren wir hineingegangen, zog sie mich an der Hand durch den Flur und eine steile Holztreppe hinauf.
»Los, ich zeig dir mein Zimmer!« rief sie.
Staunend ging ich in dem Zimmer herum und sah mir alles an. Am besten gefiel mir ein großer Holzstuhl mit Lehne. Er war blau angemalt, mit goldenen und silbernen Sternen drauf. Auf die Rückenlehne war etwas geschrieben.
»Nur für Prinzessin Laura«, las Laura mir vor.
Sie ging nämlich schon zur Schule, in die erste Klasse.
Laura wartete ungeduldig, daß ich endlich mit dem Angucken fertig wurde, denn sie wollte mir noch mehr zeigen.
Wir schlichen ins Schlafzimmer ihrer Eltern und legten uns in das Ehebett. Ich sollte Lauras Mama sein, und sie spielte ihren Papa. Wir krochen unter die Zudecke und drückten uns, und Laura gab mir einen Kuß. Dabei mußten wir die ganze Zeit lachen, das Gelache hörte einfach nicht mehr auf, obwohl wir es wollten. Ich hielt Laura den Mund zu, und Laura hielt mir den Mund zu – da gab es einen Rums! Ich lag auf den harten Dielen.

»Aua!« sagte ich. Das Lachen war weg.
»Macht nichts«, sagte Laura, »ich zeig dir noch etwas viel Schöneres!«
Dieses Zimmer, das Laura »das Atelier« nannte, war wirklich das schönste Zimmer, das ich in meinem ganzen bisherigen Leben gesehen habe. Es war so riesig, daß ich es gar nicht auf einmal überblikken konnte. Und noch heute finde ich immer neue geheimnisvolle Ecken, in denen ich herumstöbern kann. Ich glaube, es gibt niemanden, der das Atelier genau kennt.
Rundum an den Wänden hängen Puppen. Lauras Eltern sind näm-

lich Puppenspieler. Ihr Papa Theo reist durch die ganze Welt und spielt den Kindern mit den Puppen Märchen vor.
Lauras Mama Magda bleibt zu Hause, sie macht die Puppen und näht ihnen Kleider.

Laura zeigte mir Stoffe, Nähzeug, Farbe, Holz, Knete und Kistchen mit bunten glitzerigen Knöpfen.
Plötzlich sprang sie auf die Arbeitsplatte rauf, öffnete das Fenster dahinter und kletterte hinaus.
Ich legte mich auch auf die Platte und schob mich zum Fenster, um nachzusehen, wo Laura geblieben sein könnte. Zuerst sah ich nichts weiter als Nacht.
Dann erkannte ich den mächtigen Walnußbaum, der vor Lauras Haus steht. Seine Zweige bewegten sich nicht mehr so wild wie vorhin, als wir angekommen waren. Der Sturm hatte sich kleingemacht und war ein Wind geworden.
Endlich entdeckte ich Lauras helle Haare und danach Laura selbst, wie sie in den Zweigen vom Walnußbaum herumturnte. Ich bewunderte Laura, weil sie sich traute, nachts aus dem Fenster zu steigen und in einem Baum herumzuturnen.
Heute bin ich selber so ein Kind. Auch alles andere, was Laura mir in jener Nacht vorführte, kann ich jetzt selber.
Sie rutschte an einem Seil ein Stück am Baum runter und landete mit den Füßen auf einem Schaukelbrett. Mit der Schaukel schwang sie sich in die Nacht hinein, höher und höher, und dann schrie sie so laut, daß es mir gleichzeitig in den Kopf und in den Bauch hineinfuhr. Nur Kinder, die so stark sind wie die Kinder in Vogelsang, können so laut schreien.
Als Laura wieder bei mir auf der Arbeitsplatte saß, erklärte sie mir, daß dieser Schrei ihr Tarzanschrei ist. Und sie guckte mich so an, daß ich ihr bestimmt sagen sollte, wie toll sie das gemacht hatte.
Das sagte ich ihr aber nicht. Ich war neidisch.
Laura merkte, daß mit mir was los war, klappte den schweren

Deckel einer riesigen Truhe auf und sagte, ich solle mir herausnehmen, was mir gefiel. Die Truhe war voller herrlicher Kleider, Westen, Hosen, Schleier, Ketten, Hüte und Armreifen. Und dann war da noch ein Deckelkörbchen drin, gefüllt mit Stoffblüten, und eine Blechbüchse, in der tausend Ringe klapperten.
Ich suchte mir aus, was zu einer Prinzessin paßt, zog es an und betrachtete mich in einem Spiegel mit goldenen Rosen. Ich gefiel mir wirklich gut. Es tröstete mich, daß wenigstens ich schön aussah, wenn unser Haus schon so häßlich war.
Laura hatte sich auch verkleidet, aber als Prinz. Sie ging zu einem Fernseher und schaltete ihn ein. Auf dem Bildschirm erschien nur Schnee.
»Ist er kaputt?« fragte ich.
Laura schüttelte den Kopf. »Das ist ein besonderer Fernseher«, sagte sie. »In dem können wir unsere eigenen Filme spielen.«
Sie drehte das Rauschen von dem Fernseher laut auf. Wir stellten uns beide vor den Fernsehschnee und spielten DIE TRAURIGE GESCHICHTE VON PRINZESSIN ROSITTA UND DEM PRINZEN ENRICO.
Die Geschichte war wirklich sehr traurig! Prinz Enrico wollte Rositta heiraten, aber seine böse Mutter erlaubte es nicht. Prinzessin Rositta wollte den Prinzen Enrico auch heiraten, aber ihre Mutter war genauso böse und erlaubte es nicht. Im Gegenteil, Rositta sollte einen anderen Prinzen heiraten, der ein Tierquäler war und immer Kriege führte.
Rositta liebte ihren Enrico so sehr, daß sie vor diesem Tierquäler in Sturm und Nacht in den Wald hinaus floh. Ich legte mich auf den Fußboden, der eine Waldwiese war, und versuchte, unter dem

Schutz eines mächtigen Baumes einzuschlafen.
Prinz Enrico trat inzwischen ein zweites Mal vor seine böse Mutter hin, um sie wiederum zu bitten, die Prinzessin heiraten zu dürfen. Ich sprang auf, denn ich konnte nicht nur Prinzessin Rositta sein. Ich mußte außerdem Enricos böse Mutter spielen. Für die böse Mutter hängte ich mir ein schwarzgeflecktes Tuch über die Schultern und krümmte den Rücken, denn ich fand, sie benahm sich wie eine Hexe.
Nachdem Enrico seine Mutter dreimal umsonst angefleht hatte, nahm er seinen Mut zusammen, und als die böse Mutter verschwunden und ich wieder Rositta unterm Baum war, verkündete Enrico laut, er werde mich gegen den Willen seiner Mutter heiraten und mit mir in die weite Welt hinausziehen.

In Sturm und Nacht suchte Enrico seine geliebte Rositta. Das war sehr schwierig, denn er erkältete sich und mußte sich dauernd vor dem Tierquäler verstecken, der Rositta ebenfalls suchte und sie immer noch heiraten wollte.
Endlich fand Enrico seine Rositta, wie sie so lieblich unter dem Baum im Mondlicht lag. Er beugte sich zu ihr nieder und küßte sie. Dann wunderte er sich und versuchte, mich zu wecken. Aber ich rührte mich nicht. Ich war tot. Erfroren.
Da weinte Enrico bitterlich und nahm sein Messer und erstach sich. Er fiel aber nicht über mich, wie es ausgemacht war, sondern kauerte sich auf dem Waldboden neben mir zusammen und weinte einfach weiter, obwohl er doch erstochen war.
Erst dachte ich, er kippt schon noch um, aber als Laura immer und immer noch nicht umkippte, wurde es mir langweilig, und ich setzte mich auch hin.
Da sah ich, daß Laura in echt weinte. Sie weinte, weil die Geschichte so traurig war, dabei hatte sie sich das Traurige selbst mit ausgedacht.
Ich blieb still neben ihr sitzen, bis sie endlich genug geweint hatte. Dann streichelte ich zart ihre Hand.
Laura wischte sich mit beiden Fäusten die Tränen aus den Augen und mit beiden Pulloverärmeln die Nase ab. Sie stand auf, seufzte noch einmal und meinte, wir sollten uns in unserer schönen Verkleidung den Eltern zeigen.
Ich war sofort einverstanden. Wir waren beide froh, daß wir so liebe Eltern haben und einmal heiraten dürfen, wen wir wollen, und nicht sterben müssen, wenn die Liebe gerade so schön ist.
Erleichtert setzte sich Laura auf das Geländer der Holztreppe.

Gleich sollte ich erleben, wovon es so fein glatt geworden war. Vom Runterrutschen! Ich glaube, Laura und ich sind die alte Treppe bis heute niemals runtergegangen. Wir sind immer auf dem Geländer gerutscht!
Für unsere Eltern schien es das Normalste von der Welt zu sein, daß wir vor ihnen als Prinz und Prinzessin auftauchten. Jedenfalls kümmerten sie sich nicht weiter um uns, sondern redeten und redeten und schienen ziemlich vergnügt zu sein.
Auf Mamas Schoß hatte sich Patschke zusammengerollt. Seine Schnauze lag auf der linken Vorderpfote, und die Augen waren zu. Ich streichelte Patschke über den Rücken. Erstaunt riß er sein Mäulchen mit den spitzen weißen Zähnen auf und gähnte. Ich nahm ihn von Mamas Schoß und drückte ihn.
»Erna!« schrie Laura da mit einer hohen, schrillen Stimme, und ein Hund, der unter dem Tisch gelegen hatte, kroch verschlafen hervor. Erna ist Lauras Hund und die Mutter von meinem Patschke.
Weil unsere Eltern immer und immer weiterredeten, gingen wir mit den Hunden hinüber in den Stall. Der Stall und die Wohnung für die Menschen waren unter einem Dach, so daß wir nicht einmal hinaus in den Sturm mußten.
Unterwegs entdeckte ich eine Tür, an der ein Schild mit dicken roten Buchstaben hing. Laura las mir vor, was auf dem Schild stand: HIER WOHNT EIN GENIE.
Ich traute mich nicht, sie zu fragen, was das ist, ein Genie. Laura sollte schließlich nicht glauben, daß ich dumm bin. Darum fragte ich sie nur, ob wir uns das Zimmer ansehen könnten.
Laura schüttelte den Kopf, legte den Zeigefinger auf die Lippen und schlich auf Zehenspitzen an dem Zimmer vorbei. Das machte

mich noch neugieriger. Aber Laura brauchte das nicht zu wissen. Sie sollte glauben, ich wüßte über alles Bescheid, darum legte ich ebenfalls den Zeigefinger auf die Lippen und schlich auf Zehenspitzen hinter ihr her.

So kamen wir auf die Tenne. Der Boden der Tenne war festgestampfte Erde, die roch gut. Noch etwas anderes roch gut. Was war das bloß?

Das waren die Schafe in ihrem Verschlag. Wir streichelten sie, und danach rochen unsere Hände wie die Schafe, so gut.

Es waren aber auch die Gänse in ihrem Stall, die gut rochen, und Sonja, die einzige Gans mit einem Namen. Und die Hühner rochen gut, die auf einer langen Stange nebeneinander saßen und schliefen. Und die gescheckten Kaninchen, die ihre Löffel aufrichteten, als wir in ihre Buchten schauten. Und die beiden Schweine, die im Stroh auf der Seite lagen und grunzten – ein riesiges rosa Schwein und ein kleines schwarzes Schwein.

Der Heuboden aber roch am allerbesten. An den Heuboden war eine Leiter gelehnt. Wir stiegen hinauf. Die Hunde mußten unten bleiben. Oben angekommen, krochen wir tief in das Heu, bis es unter unseren Verkleidungen zu krabbeln anfing. Heute weiß ich, daß das Gepike eben der Nachteil vom Heu ist und es sich nicht so gemütlich anfühlt, wie es riecht.

Laura schlich geduckt über das Heu in die hinterste Ecke.

»Miezmiezmiez!« rief Laura. Aber Miezmiezmiez blieb sitzen und kniff nur ihre grüngoldenen Augen zusammen. Miezmiezmiez ist Lauras schwarzweiße Katze.

Laura holte eins, zwei, drei, vier Katzenbabys unter ihr hervor. Ein graues, ein schwarzes und zwei schwarzweiße. Diese kleinen

Katzen waren so neugeboren, daß sie noch nicht ihre Augen aufmachen konnten.
Die Katzenmama blinzelte uns mißtrauisch an. Aber wir versprachen ihr, ganz vorsichtig zu sein, und streichelten die jungen Katzen.
»Laura«, tönte plötzlich die Stimme von Lauras Mutter Magda unten auf der Tenne.
»Line!« hörte ich auch meine Mama rufen.
»Ins Bett! Ins Bett!«
In dieser Nacht blieben Mama, Papa und ich in Lauras Haus.
Meine Eltern schliefen im Wohnzimmer auf dem Sofa, und ich durfte in Lauras Bett schlafen.
Natürlich hatten wir unsere Hunde dabei. Patschke rollte sich unten auf unseren Füßen zusammen. Erna schmiegte sich oben um unsere Köpfe, so daß wir die Wärme von ihrem Bauch fühlen konnten und wie sie atmete. Erna roch auch sehr gut. Ich habe sie die ganze Nacht gerochen. Darum weiß ich, daß ich bestimmt nicht geschlafen habe.

4

Am liebsten wäre ich bei Laura geblieben. Schon beim Frühstück hatten wir uns neue Spiele ausgedacht, aber ich mußte mit Mama und Papa nach Hause gehen.
»Komm bald wieder!« rief Laura mir nach.
»Das mach ich!« rief ich zurück.
Aber wie sollte ich mir den Weg merken? Es gab keine Schilder, Ampeln, Schaufenster – nicht mal andere Häuser, die verschiedene Fenster haben könnten und Türen mit Nummern dran.
Es gab nur Büsche und Bäume, die ich nicht unterscheiden konnte – ich war ja damals ganz neu in Vogelsang. Ich würde mich bestimmt nicht trauen, den langen Weg allein zu gehen. Das dachte ich noch, als Papa unsere Haustür öffnete, aber da...
Wir starrten auf das Wasser, das um unsere Füße plätscherte.
»Doofes Haus!« schrie ich.
»Schrei hier nicht herum!« schrie Mama.
»Du hast den Wasserhahn offengelassen!« schrie Papa Mama an.
»Wieso ich? Wer war denn der letzte, der...« schrie Mama zurück.
Sie zogen Schuhe und Strümpfe aus und wateten durch den See, der sich im Flur ausbreitete. Sollte ich etwa auch...? Patschke schüttelte sich.
»Doofes Haus!« schrie ich noch einmal. »Los, Patschke, wir haun ab!«

Ich war viel zu wütend, um mich zu fürchten, und rannte, bis mir die Luft ausging. An einer Hecke blieb ich stehen.
Patschke schnupperte herum und verschwand in den Büschen.
Plötzlich war ich nicht mehr wütend, sondern neugierig. Ich wollte wissen, was hinter der Hecke lag.
Ich kroch hindurch und stand vor einem Steinhaufen und zwei eingestürzten Wänden. Vielleicht hatten die früher zu einem Schloß gehört oder wenigstens zu einem Haus?
Ich stellte mich auf Zehenspitzen und schaute vorsichtig durch ein Fensterloch. Hinter den Wänden lagen noch viel mehr Trümmer. Etwas wie eine Treppe aus alten, nassen Steinen führte in die Erde hinein.
Ich guckte hinunter, konnte aber keinen Eingang erkennen. Vorsichtig setzte ich den Fuß auf die erste Treppenstufe.
Ich zog ihn gleich wieder zurück. Hatte mich jemand gerufen? Eine schaurige Stimme tief unten aus der Erde?
Ich lauschte. Hinter mir knackte es. Ich fuhr herum, stolperte über Steine, tat mir am Knie weh, stürzte durch die Hecke zurück auf den Weg und wollte weglaufen.
Bestimmt hauste hier ein Ungeheuer oder ein böser Dämon!
Da fiel mir mein kleiner Patschke ein. Vor Angst hatte ich ihn vergessen. Er war weg! Ich blieb stehen und rief: »Patschke! Patschke!« Immer wieder.
Dabei hatte ich schreckliche Angst, anstelle von Patschke könnte das Ungeheuer erscheinen. Aber es erschien keiner von beiden.
Ich fing an zu weinen, denn ich wollte meinen Patschke wiederhaben.
Genau da kam Laura. Sie kam mit ihrer Erna an der Leine den Weg

entlang. »Laura!« schrie ich. »Hierher!« und hörte sofort auf zu weinen.
»Was ist denn passiert?« fragte Laura.
Ich erzählte ihr, daß es hinter der Hecke eine Höhle gab und ein schreckliches Ungeheuer meinen Patschke gefangen und in die Höhle gezerrt hatte.
Laura tröstete mich. Sie kannte die Höhle schon lange. Und sie fürchtete sich kein bißchen. Sie kroch durch die Hecke. Erna zerrte an der Leine und kläffte wütend.
»Line! Komm! Hier ist kein Ungeheuer!« rief Laura.
Erst traute ich mich nicht, aber als ich Laura lachen hörte, konnte ich mir schon denken, daß sie bestimmt kein Ungeheuer entdeckt hatte, und ging ihr nach.
Nein, ein Ungeheuer war wirklich nicht zu sehen. Aber ein Fellpopo mit einem aufgeregt wedelnden Schwanz!
»Patschke!« jubelte ich. »Patschke!«
Patschke drehte sich nicht einmal nach mir um. Seine Schnauze und die Vorderpfoten steckten tief in einem Erdloch. Das war aber nicht die Höhle des Ungeheuers, sondern die Wohnung einer Maus. Er wollte sie unbedingt fangen.
Ich zog Patschke am Schwanz. Ärgerlich tauchte er aus seinem Buddelloch auf. Über und über mit Erde bedeckt.
Laura und ich lachten.
Patschke guckte uns verdutzt an, nieste und wischte sich mit der Pfote über die Schnauze. Da mußten Laura und ich noch mehr lachen.
»Wie niedlich!« schrie Laura mit ihrer hohen Erna-Stimme. Diese Stimme hat sie nur, wenn sie mit ihrer Erna spricht.

»Ach, mein süßer Patschke!« rief ich, nahm ihn auf den Arm und putzte ihn sauber. Da war Patschke auch froh, daß er mich wiederhatte, und die Maus war vergessen. Er leckte mein Gesicht ab, daß kein Fleckchen Haut trocken blieb.
Wir machten es uns jede auf einem Stein gemütlich. Die Sonne wärmte uns. In Lauras Schoß saß kerzengerade mit wachsamen Ohren Erna. In meinem Schoß rollte sich Patschke zusammen und blinzelte schläfrig.
Laura erzählte mir, daß diese Höhle aus Steinen, Büschen und verfallenen Wänden Berta-Höhle heißt. Alle in Vogelsang nannten sie

so, aber keiner wußte, warum, nur, daß die Schöne Berta hier gelebt haben sollte.
Wer war die Schöne Berta? Warum war ihr Haus kaputt und nur noch die beiden Wände und die Treppe übrig? Was mochte in dem Keller verborgen sein? Schätze? Oder ein Geheimnis? Vielleicht ein

fürchterliches Geheimnis? Hatte die Schöne Berta deshalb aus Vogelsang fortgehen müssen?
Ich hätte das alles zu gern gewußt und Laura auch.
Noch lieber aber hätte ich etwas zu essen gehabt. Ich hatte schrecklichen Hunger. Laura auch. Das ist eben das schöne an Laura, daß sie das gleiche denkt oder fühlt wie ich. Meistens jedenfalls.
Das dumme war, ich mochte nicht nach Haus essen gehen. Ich hatte genug von den Katastrophen dort. Laura schlug vor, ich sollte mit ihr hinunter ins Dorf kommen. Dort könnten wir uns aussuchen, was wir essen wollten, es gebe bestimmt verschiedene gute Sachen.
Obwohl ich mir nicht vorstellen konnte, was sie meinte, ging ich mit. Vorbei an Lauras rotem Haus, den Berg rauf, wo die alte Eiche steht, und dann den Berg wieder auf der anderen Seite runter.
Da sahen wir endlich die anderen Häuser des Dorfes alle in einer Reihe stehen. Es waren fünf.
Im ersten Haus wohnt der Bildhauer mit seiner Frau und drei Söhnen. Karlchen ist jünger als ich, Paul ist so alt wie Laura, und Bastian ist viel, viel älter als wir alle, er ist fast schon ein Mann. Trotzdem muß er machen, was sein Vater sagt, das habe ich gleich gemerkt, denn er mußte Teller und Besteck für Laura und mich aus dem Küchenschrank holen, obwohl er keine Lust hatte, noch einmal aufzustehen.
Die ganze Familie saß nämlich schon um den Tisch und um einen knusprigbraunen Schweinebraten versammelt und ließ es sich schmecken. Aber weil Schweinebraten nicht ganz unser Geschmack ist, standen wir bald wieder auf und gingen zum nächsten Haus.

Auf dem Weg dorthin verabredeten wir zwei Zeichen. Würde es uns diesmal schmecken, wollten wir die Fingerspitzen der rechten Hand erst an unseren Mund und dann zum Bauch führen.
Schmeckte es uns nicht, wollten wir die Fingerspitzen vom Mund nehmen und mit der Hand so über die Schulter winken, als schmissen wir das Essen hinter uns.
Über unser Zeichen, besonders das letzte, mußten wir natürlich wieder lachen. Erst als das Lachen endlich vorbei war, konnten wir reingehen.
Im zweiten Haus wohnen die Korbmacher mit ihrem Sohn. Johann ist nur ein bißchen älter als Laura, trotzdem gibt er so an, daß man meinen könnte, er sei ihr nicht nur zwei, sondern hundert Klassenstufen voraus.
Bei den Korbmachern gab es Bratkartoffeln mit Spiegelei. Bratkartoffeln mit Spiegelei ist eins von meinen Lieblingsessen. Jedes Essen mit Ei ist mein Lieblingsessen.
Ich gab Laura das Zeichen, daß es mir herrlich schmeckte, aber leider antwortete Laura mit dem Zeichen, daß sie das Essen nicht mochte und am liebsten hinter sich schmeißen würde. Also mußten wir wieder los.
Im dritten Haus wohnt die Töpferin mit ihrem Sohn Martin, der so alt ist wie Paul, aber viel, viel dicker.
Bei der Töpferin gab es Eierkuchen. Ich habe vergessen zu erzählen, daß ich alles mit Ei gern esse, nur keinen Eierkuchen. Und obwohl Laura schon einen halben Eierkuchen, löffelweise mit Marmelade beschmiert, in sich hineingestopft hatte, weil Eierkuchen mit viel Marmelade ihr Lieblingsessen ist, mußte sie auch aufstehen und mit mir weitergehen, als ich ihr das Zeichen dafür machte.

Im vierten Haus wohnt der dicke Roland, der noch viel, viel dicker ist als Martin und älter natürlich auch. Eben ein richtig erwachsener Mann. Noch nie habe ich einen dickeren und stärkeren Mann gesehen als ihn.
Der dicke Roland repariert alte Möbel, solche von ganz früher, die werden aus Kirchen und echten Schlössern zu ihm gebracht. Es heißt aber nicht reparieren, sondern restaurieren, hat er gesagt.
Der dicke Roland hielt einen dicken Topf in der Hand, als er uns öffnete. Der Topf war voller Spaghetti. Auf dem Tisch entdeckten wir zwischen Hammer, Nägeln, Schrauben, Zangen, Säge, Schleifpapier, Holzstücken und was nicht noch alles eine dicke Flasche Ketchup.
Laura und ich waren uns sofort einig. Hier wollten wir bleiben! Da brauchten wir uns gar nicht erst das Zeichen zu geben.
Wir rutschten neben den dicken Roland in die Bank und guckten zu, ob er uns genug Spaghetti auf die Teller packte und ob dann noch so viel im Topf übrigbliebe, daß wir ordentlich Nachschlag nehmen konnten.
»Bei mir wird jeder satt«, sagte der dicke Roland und daß es bei ihm immer Spaghetti mit Ketchup gebe, weil das für einen Mann, der allein lebt, das praktischste ist.
Man hätte meinen können, wir wären in den drei anderen Häusern schon satt geworden vom Schweinebraten, von Bratkartoffeln mit Spiegelei und Eierkuchen mit Marmelade.
Überhaupt nicht! Laura und ich aßen und aßen, während unterm Tisch Patschke und Erna lange Nasen machten. Sie waren enttäuscht, daß wir ihnen nicht einen einzigen Spaghettifaden übrigließen.

Der dicke Roland starrte in seinen Topf und konnte es nicht glauben: Der Topf war leer! Das hatte der dicke Roland noch nie erlebt!
Unsere Bäuche waren wie zwei kugelrunde schwere Steine, als wir wieder rauskamen. Wir setzten uns an den Wegrand.
»Ich finde, Vogelsang ist gar kein richtiges Dorf«, sagte ich.
»Wieso? Gefällt es dir etwa nicht bei uns?« Laura sah mich richtig erschrocken an.
Schnell versuchte ich ihr zu erklären, was ich meinte.
»In einem richtigen Dorf wohnen Bauern. Es fahren Traktoren und Mähdrescher herum, und es gibt Ställe mit vielen verschiedenen Tieren.«
»Tiere haben wir auch«, sagte Laura sofort, »die hab ich dir doch bei uns gezeigt. Traktoren und Mähdrescher machen nur Krach und stinken, und überhaupt, Bauern sind langweilig!«

»Ich würde aber gern mal zu einem richtigen Bauern gehen und gucken, was der so macht«, sagte ich.
Laura sprang auf.
»Was gibt's denn da zu sehen?« schrie sie mich an. »Mama kann Puppen bauen, Papa kann mit den Puppen Geschichten erzählen, die Töpferin macht aus Lehm Schüsseln, Krüge und Blumenvasen, die Korbmacher flechten aus Weidenruten Körbe und Truhen und sogar Puppenstühle, und der Papa von Karlchen hat einen schönen Engel aus einem weißen Stein rausgehauen. So was gefällt mir!«
»Mir doch auch«, sagte ich.
Laura drehte sich von mir weg und sagte kein Wort mehr.
Ich stellte mich neben sie.
»Sei doch nicht beleidigt«, sagte ich leise.
»Vogelsang ist eben was Besonderes«, sagte Laura endlich.
Ich war richtig erleichtert, weil sie wieder mit mir redete.
»Ich finde, Vogelsang ist das allerschönste Dorf von der ganzen Welt, und du bist meine beste und einzige Freundin«, sagte ich.
»Das bist du auch«, sagte Laura und sah mich an. »Sonst gibt es hier ja nur Jungs.«
Wir lachten beide los.
»Wollen wir uns jetzt das letzte Haus ansehen?« fragte ich, als wir mit dem Lachen aufgehört hatten.
Laura schüttelte den Kopf.
»Nee«, sagte sie, »zu den Löbkes gehe ich nie.«
»Warum denn nicht?« wollte ich wissen.
»Bei denen läuft der Fernseher den ganzen Tag.«
Ich sagte Laura lieber nicht, daß ich auch gern fernsehe. Fernsehen

ist fast mein Liebstes, nur leider haben Mama und Papa keinen Fernseher.

»Fernsehen ist überhaupt nichts Besonderes«, sagte Laura jetzt, und ich war froh, daß ich den Mund gehalten hatte. »Fernsehen kann jeder«, erklärte sie mir. »Ich möchte aber was Besonderes machen. Und du?«

Ich nickte schnell. »Ich auch.«

Trotzdem sah ich noch mal hinüber zu dem fünften Haus.

Gerade öffnete sich das große Hoftor, und ein blonder Junge führte zwei Pferde heraus, die vor einen Leiterwagen gespannt waren.

Ich staunte. Der Junge war bestimmt nicht viel älter als ich.

»Guck mal, was der sich traut!« Ich stieß Laura an.

Aber Laura schaute gar nicht richtig hin.

»Na und«, sagte sie und machte sich auf den Rückweg.

»Weißt du, wie der heißt?« fragte ich, als wir den Berg wieder raufgingen.

»Ralf«, brummte Laura. »Mit dem spiele ich aber nicht. Der ist mir zu doof.«

»Aha«, sagte ich nur, denn ich merkte, daß sich Laura schon wieder ärgerte. »Dann spiele ich eben auch nicht mit dem.«

»Willst du jetzt das Zimmer sehen, in das wir gestern nicht reinkonnten?« rief Laura.

Na klar wollte ich!

Wir rannten an der Eiche vorbei den Berg wieder runter bis zu Lauras Haus. Dort sperrten wir Erna und Patschke in der Tenne ein.

Auf Zehenspitzen schlichen wir zu der Tür, hinter der ein Genie wohnt.

Laura linste durchs Schlüsselloch, ob das Genie zu Hause war. Vor-

sichtig, damit es kein Geräusch gab, drückte sie die Klinke runter und öffnete die Tür.
Auf den ersten Blick sah das Zimmer von dem Genie ganz normal aus. Wir gingen hinein. Laura schloß die Tür genauso leise hinter uns.
Und da entdeckte ich die Ritterburg. Sie hatte Zinnen, Türme, eine Zugbrücke, einen Burggraben und ein vergittertes Verlies – alles wie echt, nur kleiner. Und winzigkleine Ritter mit Fähnchen, Schwertern, Lanzen und ihren Ritterdamen und Pferden lebten darin.
Laura flüsterte, daß das Genie die Ritterburg allein gebaut hätte

und daß genauso eine Burg früher mal in Vogelsang auf dem Burgberg hinter der alten Eiche gestanden hätte.
Aha, dachte ich, ein Genie ist also einer, der sich mit Rittern und Burgen auskennt.
Wir setzten uns auf das Bett von dem Genie und mußten gleichzeitig gähnen. Laura nahm meine Hand, ich sank tiefer und tiefer, da ertönte ein gewaltiger Schrei. Von hinten stürzte sich ein riesiger Schatten auf uns.

Beinahe hätte ich geweint, doch Laura lachte, und ich erkannte, daß der Schatten kein Ungeheuer, sondern ein großer Junge mit schwarzen Haaren und einer Nickelbrille war.
»Das ist das Genie«, flüsterte mir Laura ins Ohr.
Ich sah das Genie bewundernd an. Es rückte seine Brille zurecht und sprach:
»Eindringling! Offenbare dich!«
Ich verstand das Genie nicht.
»Saschko will wissen, wer du bist«, übersetzte Laura mir aus der Rittersprache, sprang vom Bett und machte vor Saschko eine Verbeugung.
»Edler Bruder, ich bin der Prinz Enrico, und das ist meine Braut, Prinzessin Rositta«, stellte sie uns dem Genie vor. »Wir haben in Eurem Schloß Zuflucht gesucht, denn niemand will, daß wir uns lieben.«
»Ihr habt recht getan, denn hier ist der Liebe Hort«, sagte das Genie.
Es küßte meine Hand und half mir vom Bett runter.
Den ganzen Nachmittag spielten wir mit dem Genie Ritter und Ritterfräulein und bauten einen Thronsessel für den Herrn der Ritterburg.
Als es dämmerte, schickten mich Lauras Eltern nach Hause. Laura und Erna durften mich noch ein Stück bringen.
»Jetzt kennst du alle Häuser von Vogelsang«, sagte Laura zufrieden.
»Ja«, sagte ich, »und unser Haus ist das einzige häßliche.«
»Es war eben das einzige Haus in Vogelsang, das noch frei war«, sagte Laura.
Ich schwieg.

An der Berta-Höhle blieben wir stehen. Von der Berta-Höhle aus haben es Laura und ich gleich weit nach Hause.
»Das wichtigste ist doch, daß ihr überhaupt nach Vogelsang gezogen seid«, tröstete mich Laura. »Also dann, bis morgen!«
Sie ging den Weg zurück, und ich ging weiter. Hin und wieder blieben wir stehen und winkten uns zu. So machen wir es noch heute, davon wird der Weg nämlich kürzer.
Ich öffnete unsere Haustür. Der Flur war fast trocken.
Ich schlich zur Küchentür, wartete und lauschte. Ich hörte die Stimmen von Mama und Papa, verstand aber nicht, was sie sich erzählten. Bestimmt waren sie wütend auf mich, weil ich einfach davongelaufen und den ganzen Tag fortgeblieben war.
Ich seufzte tief und öffnete die Tür einen Spaltweit. Mama und Papa sahen gleichzeitig zu mir.
»Du kommst genau richtig«, rief Mama vergnügt, »Abendbrot ist fertig!«
Da riß ich die Tür weit auf, rannte zu Mama und drückte mich an sie.
»Wie seid ihr bloß von alleine wieder lieb geworden?« rief ich. »Ich dachte, ihr würdet mit mir schimpfen.«
»Warum schimpfen?« fragte Papa. »Ich bin froh, daß du uns in Ruhe hast arbeiten lassen.«
Das gefiel mir allerdings nicht, daß sich meine Eltern nicht um mich gesorgt hatten. Ich setzte mich auf Papas Schoß, und Papa nahm mich fest in die Arme.
»In Vogelsang gibt es ein geheimes Telefon«, flüsterte er.
»Wo denn?« fragte ich.
»Im Dorf, in den Gärten, an den Zäunen, auf dem Weg...«

Ich sah Papa ungläubig an.
»Ich weiß, daß du Laura getroffen hast, wen ihr besucht habt, daß Saschko mit dir gespielt hat...«
»Das ist gemein!« rief ich. »So ein Telefon ist gemein!«
»Ich finde es beruhigend«, sagte Mama. »Außerdem ist es kein echtes Telefon. In Vogelsang spricht sich eben alles herum, hier weiß jeder mehr vom andern als in Berlin.«
Von der Berta-Höhle wußten Papa und Mama jedenfalls nichts. Und daß ich zu viele Spaghetti gegessen hatte, wußten sie auch nicht.
»Ich hab dein Lieblingsessen gekocht«, sagte Mama und packte mir den Teller ordentlich voll: Spaghetti und Ketchup!
Ich blieb auf Papas Schoß sitzen und fing an zu weinen.
»Warum ist unser Haus bloß so häßlich«, sagte ich.
Papa hob mein Gesicht, wischte mir mit seinem zerknüllten Taschentuch die Tränen ab und sah mir fest und ernst in die Augen.
»Dieses Haus ist sehr lange allein gewesen«, sagte er. »Niemand hat sich darum gekümmert. Man muß in einem Haus lange leben und es kennen, bevor es schön werden kann. Und dann braucht es viel Arbeit und viel Zeit. Heute habe ich erst mal das Licht in deinem Zimmer gemacht.«
Ich sprang von Papas Schoß, lief in mein Zimmer und probierte das Licht gleich aus.
Wirklich! Mitten im Kinderzimmer strahlte ein dicker gelber Mond mit freundlichen Augen und einem roten, lachenden Mund.
»Wir müssen nur lange genug hier wohnen, dann werden wir das Haus auch liebhaben«, sagte Mama.

Wie soll ich bloß jemals so ein häßliches Haus liebhaben können, dachte ich.
»Laßt es euch schmecken!« sagte Mama fröhlich.
Ich stocherte in dem Spaghettiberg herum.
»Bist du müde, Line?« fragte Mama. Ich nickte ganz schnell.
Das war das erste Mal in meinem Leben, daß ich keine Spaghetti essen konnte und gern ins Bett gegangen bin.

5

Die Tage sind einfach zu kurz für Vogelsang. Papa behauptet zwar, die Tage hätten überall auf der Welt genau die richtige Länge, aber für die Überraschungen von Vogelsang reichen sie wirklich nicht aus.
Das merke ich immer wieder, und darum bleibt mir zum Schlafen keine Zeit. Außerdem schlafe ich aber auch nicht, weil ich über Verschiedenes nachdenken muß.
Zum Beispiel, warum ein Umzug so lange dauert.
»Wann kommen wir endlich in Vogelsang an?« fragte ich Mama eines Abends, als sie mir den Gutenachtkuß gab.
»Wie meinst du das?« fragte sie.
»Ich meine, wann habt ihr endlich wieder Zeit, und wir können es uns alle drei schön miteinander machen?«
Mama sah plötzlich sehr müde aus.
»Ich weiß es nicht«, sagte sie, »wir sehen vor lauter Arbeit kein Land mehr.«
»Schade«, sagte ich, »gerade wenn die Obstbäume blühen, könnt ihr kein Land sehen.«
»Schlaf jetzt«, sagte Mama, machte das Licht aus und ging hinaus.
Ich hatte aber keine Zeit zum Schlafen, weil ich überlegen mußte, wie ich Mama und Papa helfen sollte.

Am anderen Morgen, als ich in die Küche kam, saßen sie in ihren Sonntagskleidern am Tisch. Der Tisch war festlich gedeckt, und Mama und Papa strahlten mich an. Eine typische Vogelsang-Überraschung!
»Was ist denn los?« fragte ich erstaunt.
»Wir sind angekommen!« sagte Mama.
»Der Umzug ist geschafft«, fügte Papa hinzu.
»Ein Glück«, sagte ich. Denn mir war in der Nacht nicht eingefallen, wie ich ihnen hätte helfen sollen.
Nach dem Frühstück gingen wir hinaus in den Garten.
»Schnell, unter die Bäume!« rief Mama.
Ein Windstoß fegte weiße und rosarote Blütenblättchen von den Zweigen. Wir breiteten die Arme aus wie Goldmarie, weil jeder am meisten abbekommen wollte von dem duftenden Schnee.
»Der ist viel kostbarer als Gold«, rief Mama.
»Viel, viel kostbarer!« riefen Papa und ich.
Wirklich, Mama und Papa konnten wieder alles sehen und nicht nur ihre Arbeit!
Wir waren so vergnügt wie lange nicht mehr, und ich beschloß, den ganzen Tag zu feiern. Zuerst wußte ich aber nicht, was. Dann fiel mir ein, daß Panki noch nie Geburtstag gefeiert hatte. Ich weiß gar nicht, wann Panki in echt geboren ist, denn Mama und Papa haben sie in der Zoohandlung gekauft.
»Lieber wollen wir deinen Geburtstag am falschen Tag feiern als gar nicht«, sagte ich zu Panki und nahm das Meerschweinchen aus seinem Haus.
Gerade als ich Panki mein feinstes Puppenkleid anzog, kam Laura und fragte mich, ob sie mitspielen dürfte. Zusammen zogen wir

auch Alf festlich an und setzten die Meerschweinchen auf kleine Stühle um den Puppentisch. Wir stellten Teller vor sie hin, schnitten Mohrrüben in Scheiben und legten auf jeden Teller eine. Die Meerschweinchen schnupperten an den Mohrrüben, legten die Vorderpfötchen auf den Tisch neben die Teller und begannen, an den Scheiben zu knabbern.

»Wie niedlich«, schrie Laura mit ihrer hohen Erna-Stimme, obwohl Erna nicht da war.

Als die Meerschweinchen sich satt geknabbert hatten, beschlossen wir, einen Ausflug mit ihnen zu machen. Wir packten sie in meinen Puppenwagen und schoben ihn den Weg unter den blühenden Obstbäumen entlang.

Eigentlich wollten wir uns in der Berta-Höhle nur mal kurz auf unsere Lieblingssteine setzen und ausruhen. Aber in Vogelsang kann eben niemand wissen, was der Tag alles bringt.

Erst fanden wir Sauerampferblätter, die wir so gern essen, dann dachten wir, als Prinz und Prinzessin macht das Essen mehr Spaß, also spielten wir, daß Prinz Enrico und Prinzessin Rositta in Vogelsang von den Toten auferstehen.

Weil vor dem Auferstehen das Totsein kommt, legten wir uns nebeneinander an die zerbrochene Wand. Über die Brust hielten wir Apfelzweige, die blühen rosa und duften so gut.

»Hast du die Augen noch zu?« fragte ich Laura und blinzelte zu ihr hinüber.

Prinz Enrico war schon auferstanden und saß kerzengerade neben mir.

»Da kommt jemand!« flüsterte er und wollte nach seinem Schwert fassen.

Aber das hatte er zu Hause gelassen, er konnte ja nicht wissen, daß er heute in der Berta-Höhle auferstehen würde.
Durch die Hecke brach Paul, der Sohn vom Bildhauer, in einer neuen silbernen Ritterrüstung.
»Die hat er zum Geburtstag gekriegt, damit muß er natürlich angeben!« flüsterte mir Laura zu.
Paul heulte furchterregend.
»Ritter oder Indianer?« fragte Laura laut.
Paul hörte beleidigt auf, wie ein Indianer zu heulen.
Laura stand aufrecht und erhob ihr Haupt.
»Was sucht Ihr hier, edler Ritter Paul von Vogelsang? Sprecht oder verschwindet! Denn das ist mein Schloß!« verkündete sie.
»Ha!« schrie Paul. Mehr fiel ihm wohl nicht ein.
»Ha!« schrie jetzt Karlchen, der kleine Bruder von Paul.
»Ha!« schrie auch der dicke Martin.
»Fürchtet euch!« schrie Johann, der Korbmachersohn. »Ihr seid umzingelt!«
Wir konnten uns aber nicht fürchten, sondern mußten immerzu kichern. Karlchen, Johann und Martin sahen zu komisch aus! Sie hatten keinen Geburtstag gehabt und besaßen darum auch keine Ritterrüstungen. Karlchen hatte sich einen blauen Henkeltopf über den Kopf gestülpt und Martin eine Plastiktüte, und als Schild hielten sie sich Topfdeckel vor die Brust. Johann trug ein Körbchen als Helm und einen geflochtenen Korbdeckel als Schild. Bestimmt hatte er beides seinen Eltern geklaut und fand, daß er besonders gut aussah.
»Nehmt die Weiber gefangen!« schrie Johann und stürzte sich auf uns.

Wir wollten uns wehren, aber sie waren in der Überzahl.
Karlchen ruderte wild mit einem Stock in der Luft herum. Johann, Martin und Paul hielten uns an den Armen fest. Sie banden uns die Handgelenke mit Stricken zusammen. Dann zerrten sie uns durch die Hecke und den Weg entlang bis zur alten Eiche.
Saschko sagt, daß sie in der Ritterzeit der Versammlungsplatz und die heilige Stätte der Ritter gewesen ist. An dieser alten Eiche banden uns die Jungen fest.
Johann erklärte, sie seien allesamt Raubritter.
»Hier hat keiner mehr was zu lachen, außer er gehört zu uns«, sagte Paul.

»Aber ein Weib kann niemals ein Raubritter sein«, behauptete Johann.
»Das wollen wir auch gar nicht!« schrie Laura die Jungs an.
»Laßt uns in Ruhe!« schrie ich.
»Das werden wir«, sagte Johann mit einem gemeinen Grinsen. »Ihr könnt in der Sonne schmoren. In aller Ruhe. Los! Weiter geht's!« befahl er den Jungen.
Der dicke Martin schwitzte und riß sich die Plastiktüte von seinem roten Kopf. Ich glaube, ihm taten Laura und ich leid, aber er traute sich nicht, das zu sagen.
Die Jungen zogen ab.
»Seid ihr verrückt geworden!« schrie Laura ihnen hinterher.
»Kommt zurück!« Sie fing an zu weinen.
Ich versuchte, mich zu befreien. Meine Meerschweinchen fielen mir wieder ein. Sie hockten allein gelassen im Puppenwagen in der Berta-Höhle. Vielleicht fürchteten sie sich.
Ich hätte ihnen sagen sollen, daß es in der Berta-Höhle kein Ungeheuer gibt.
Nicht lange, und ich konnte nicht mehr an meine Meerschweinchen denken. Es war viel zu heiß. Ich hatte Angst, zu verdursten oder an Hitzschlag zu sterben.
Laura ging es auch schlecht. Erst war sie feuerrot im Gesicht gewesen und hatte laut geheult. Jetzt war sie schneeweiß und ganz still.
War sie etwa gestorben? Nein, sie blinzelte noch mit den Augen, das war ein gutes Zeichen.
Ob ich auch so weiß im Gesicht war? Jetzt dachte ich nur noch an mich. Und daß doch jemand den Weg entlangkommen könnte und uns retten!

Aber es war wohl Mittagszeit, und die Vogelsänger saßen alle beim Essen. Zuletzt dachte ich an Mama und Papa und daß sie mich nicht suchen würden, weil sie bestimmt glaubten, daß ich beim dicken Roland und seinen Spaghetti saß.
Es gab keine Rettung. Heute würde ich so was nicht mehr denken. Heute weiß ich, daß es in Vogelsang immer eine Rettung gibt, gleich, was passiert.
Diesmal waren Saschko und Bastian die Rettung. Sie befreiten uns von den Stricken.
Ich war so schlapp, daß ich am Stamm der alten Eiche runter ins Laub rutschte. Nur die Stricke hatten mich noch gehalten, merkte ich.
Saschko gab mir was aus seiner Feldflasche zu trinken.
Erst als ich getrunken hatte, konnte ich Saschko und Bastian richtig erkennen.
Dann sah ich, daß Laura auch noch lebte, und dann fing ich an zu weinen. Laura weinte auch noch einmal, und Bastian und Saschko versuchten uns zu trösten, so gut das große Jungs eben können. Saschko kann besser trösten als Bastian, finde ich, aber kaum wollte er mich auf den Schoß nehmen, klammerte sich schon Laura an ihn. Bastian tröstete mich aber auch ganz gut.
Als wir einigermaßen getröstet waren, aßen wir jede eins von den Broten mit Leberwurst auf, die sich die Jungs mitgenommen hatten. Sie wollten nämlich zum Kuhteich angeln gehen, und auf dem Weg dorthin hatten sie uns an der alten Eiche gefunden.
Bastian hatte ein schlechtes Gewissen, weil Paul und Karlchen bei dieser Gemeinheit mitgemacht hatten. Bastian soll immer auf seine jüngeren Brüder aufpassen, aber das kann er natürlich gar nicht.

Trotzdem hatte er Angst, daß ihn seine Eltern bestrafen würden.
»Wenn ihr keinem im Dorf verratet, was euch passiert ist, könnt ihr mit zum Kuhteich kommen«, sagte Bastian.
Laura und ich waren einverstanden, aber wir schworen, uns eines Tages an den Raubrittern zu rächen.
Weil Bastian und Saschko Fische fangen wollten, durften wir nicht im Kuhteich baden. Das verscheucht nämlich die Fische. Wir langweilten uns bald, gaben das aber nicht zu, denn wir waren auch stolz, daß die großen Jungs uns mitgenommen hatten.
Endlich waren sie mit ihrem Fang zufrieden und rollten die Angelschnüre ein. Bastian trug die Angeln und den Eimer mit den Fischen, und Saschko trug auf seinem Rücken abwechselnd Laura und mich den langen Weg zu der alten Eiche zurück.

Schon von weitem sahen wir unsere Feinde, wie sie ruhelos um die Eiche herumschlichen. Saschko und Bastian duckten sich und führten uns in ein dichtes Gestrüpp von Flieder, Heckenrosen und Brombeeren. Vor den Augen unserer Feinde verborgen, konnten wir selbst sie genau beobachten und jedes Wort verstehen.
Karlchen weinte schon um uns, und ich glaube, Martin war auch kurz davor. Sie fürchteten, uns könnte was Schreckliches passiert sein.
»Das hab ich nicht gewollt! Das hab ich nicht gewollt!« sagte Johann immer wieder.
»Das interessiert keinen. Wir kommen bestimmt in den Knast«, sagte Paul ernst.
Saschko und Bastian platzten fast vor Lachen.
»Wenn die nun in der Hitze gestorben sind?« fragte Martin mit weinerlicher Stimme. »Vielleicht sind sie schon begraben?«
Jetzt wollten Laura und ich raus aus dem Versteck! Diese Raubritter würden uns bestimmt für Gespenster halten und entsetzt davonrennen! Wir wollten sie mit fürchterlichem Gelächter bis ans Ende der Welt verfolgen.
Aber Saschko und Bastian hielten uns fest. Sie wollten noch mehr Spaß beim Belauschen haben.
Inzwischen versuchte Johann, sich und den anderen Mut zu machen. Jeder sollte auf einem anderen Pfad ins Dorf und seine Umgebung ausschwärmen. Vielleicht würden sie eine Spur von uns finden oder wenigstens etwas über uns in Erfahrung bringen.
Kaum waren sie fort, krochen wir aus dem Gestrüpp heraus. Saschko und Bastian lachten brüllend. Laura und ich warteten mit strengen Gesichtern, bis sie fertig waren, denn ihr Lachen paßte

überhaupt nicht zu dem Schrecklichen, was wir erlebt hatten. Wir vergaben ihnen aber, als sie vorschlugen, wir sollten hier an der alten Eiche ein Feuer machen und die Fische auf Stöcke spießen und braten.
In diesem Augenblick fielen mir meine Meerschweinchen ein, die allein in der Berta-Höhle waren. Wir liefen zusammen hin.
Die Meerschweinchen im Puppenwagen sahen kein bißchen ängstlich aus. Sie hatten wohl selber gemerkt, daß es in der Berta-Höhle kein Ungeheuer gibt.
Erst als ich meine Meerschweinchen quieken hörte und ihr Fell fühlte, wurde ich wieder richtig froh. Eben so froh, wie ich jeden Tag in Vogelsang froh bin. Wir nahmen den Puppenwagen mit den Meerschweinchen zur Eiche mit.
Saschko und Bastian breiteten ihre Jacken aus und luden uns ritterlich ein, uns darauf niederzulassen als ihre Ritterdamen. Laura und ich waren aber nicht mehr schlapp und wollten nicht als Damen herumsitzen, sondern lieber Feuerholz sammeln.
Bastian ging noch einmal ins Dorf, um die Feldflasche mit frischem Wasser zu füllen. Als er zurückkam, erzählte er uns, wie er seinen Bruder Paul getroffen hatte. Paul war ganz verstört gewesen und hatte umständlich versucht, aus Bastian herauszubekommen, ob er etwas von uns wüßte. Bastian hatte natürlich nichts verraten.
»Bist du etwa in Laura und Line verliebt?« hatte er Paul gefragt.
»Gleich in zwei Weiber auf einmal?«
Da hatte Paul einen roten Kopf gekriegt!
Wir setzten uns um das Feuer, knusperten heißen Fisch von unseren Bratstöcken und stellten uns das Unglück der Vogelsänger Raubritter vor.

Jetzt kicherten wir, weil sie überhaupt nicht mehr gefährlich waren. Dabei war es noch gar nicht so lange her, daß ich beinahe gestorben wäre.
Nirgendwo sonst auf der Welt sind die Überraschungen so aufregend wie hier, dachte ich. Ich kuschelte mich an Saschko. Saschko legte seinen Arm um mich, so wie es die Jungs mit den großen Mädchen tun. Das gefiel mir sehr!
Ganz langsam wurde es kühl und dämmerig.
»Man kann direkt zugucken, wie die Tage länger werden«, stellte Saschko fest.
Und ich freute mich, weil Gott eingesehen hatte, daß ich in Vogelsang einfach längere Tage brauche, um mit all den Überraschungen fertig zu werden.
Es war immer noch nicht richtig dunkel, als die Raubritter aus dem Dorf zurückkamen. Mit hängenden Schultern schleppten sie sich zur alten Eiche hinauf. Das hatten sie nicht erwartet – uns so wiederzusehen!
Wir saßen als fröhliche Ritter in der Tafelrunde, aßen Fisch, spuckten Gräten, schwenkten die Wasserflasche und sangen, so laut wir konnten, alte Ritterlieder.
Laura und ich taten, als seien die Raubritter Luft für uns. Eine Weile ließen auch Saschko und Bastian sie schmoren. Aber plötzlich stand Saschko auf. Er hob feierlich den Arm und sprach zu Laura und mir:
»Eure Feinde sind geschlagen! Wollt ihr nicht Mitleid zeigen mit diesen Elenden und sie an unser Feuer bitten?«
Das wollten wir eigentlich nicht.
»Prinz Enrico, Prinzessin Rositta, erhebt euch!« befahl Saschko.

Laura und ich erhoben uns und schauten ihn neugierig an.
»Raubritterplage von Vogelsang, auf die Knie!« befahl Saschko.
Wir trauten unseren Augen nicht. Die Raubritter beugten ihre Knie vor uns! Saschko hob die Hand zum Schwur.
»Schwört!«
Die Raubritter hoben ebenfalls die Schwurhand, obwohl sie noch gar nicht wußten, was sie schwören sollten.
»Schwört!« rief Saschko noch einmal. »Das ist unser König Enrico! Das ist unsere Königin Rositta! Wir wollen ihre treuergebenen Diener sein!«
Später haben die Jungs ihren Schwur natürlich bereut. Kaum waren sie aus dem Elend heraus, haben sie ihn sogar gebrochen. Nicht nur einmal!
Aber an diesem Abend saßen wir gemeinsam am Feuer, und sie waren die nettesten Ritter, die es jemals in Vogelsang gegeben hat.

6

In unserem Garten steht ein großer, alter Holunderbaum. Unter den setze ich mich, wenn ich meine Ruhe haben will, denn zum Holunderbaum kommt selten jemand. Mamas Acker, wie sie ihr Gartenland nennt, ist weit genug weg drüben am Hang. Aber meistens arbeitet Mama sowieso im Haus an der Schreibmaschine. Auch in Vogelsang brauchen wir Geld, zum Beispiel für Baumaterial.
Als erstes hatte Papa unser Dach in Ordnung gebracht. Dafür waren Pappe, Teer und Dämmaterial gekauft worden.
Von meinem Holunderbaum aus konnte ich Papa gut bei seiner Arbeit zuschauen. Er dagegen konnte mich unmöglich unter den Blättern sehen.
Nur Laura hatte ich meinen Lieblingsplatz verraten.
»Was arbeitet dein Papa eigentlich?« fragte sie mich eines Tages, als wir wieder dort saßen.
Ich wußte nicht, was sie meinte.
»Das siehst du doch«, sagte ich.
Papa setzte gerade Pfosten für unseren Zaun. Ich war stolz auf ihn. Keiner ist so stark und geschickt wie er, finde ich.
Aber Laura schüttelte den Kopf.
»So 'ne Arbeit meine ich nicht«, sagte sie. »Die kann in Vogelsang

jeder. Ich will seine richtige Arbeit wissen, die, womit er Geld verdient.«
Ich überlegte, aber mir fiel nichts für Papa ein.
»Mama arbeitet an der Schreibmaschine«, sagte ich.
»Das weiß ich«, rief Laura ungeduldig. »Aber dein Papa!
Ich hoffe, es ist was Besonderes. Nur nicht gerade Puppenspieler oder Töpfer oder Bildhauer oder Korbmacher oder Reparierer, nein, Restaurierer oder so. Die haben wir schon in Vogelsang. Er soll eine Arbeit machen, die kein anderer in Vogelsang kann...«
Und sie überlegte auch.
»Zum Beispiel im Zirkus auftreten«, sagte sie schließlich und sah mich fragend an.
Papa als Zirkusakrobat? Nein, das hätte ich bestimmt gewußt.
Schade, daß Papa kein Akrobat ist, dachte ich. Laura hätte gestaunt, wenn er in seinem Glitzerkostüm am Trapez durch die Zirkuskuppel schweben oder Löwen und Tiger durch Feuerreifen springen lassen würde!
Worüber könnte Laura noch staunen? Vielleicht sollte Papa Schiffskapitän sein oder Pilot oder wenigstens Tierarzt. Ich mußte sofort zu Papa laufen und ihn fragen.
Laura blieb unterm Holunder sitzen und wartete gespannt.
»Papa, was arbeitest du eigentlich?« fragte ich.
»Ich baue einen Zaun«, antwortete Papa.
»Ich will aber deine richtige Arbeit wissen, die, womit du Geld verdienst«, sagte ich.
Papa setzte den Pfosten, den er gerade herangeschafft hatte, in ein Erdloch, schüttete es mit Kies und Steinen zu und stampfte den Boden um den Pfosten fest.

»Nun sag doch endlich!« Ich war ungeduldig.
»Ich bin arbeitslos«, sagte Papa und ging zum Stall.
Ich lief hinter ihm her.
»Was ist denn das? Arbeitslos?« fragte ich.
»Das ist gar nichts«, sagte Papa und öffnete die Stalltür. Er ging hinein, nahm eine Axt und betrachtete sie prüfend. »Ich bin meine Arbeit los«, sagte er. »Schon lange.«
»Aber warum denn?« fragte ich. Meine Stimme kratzte im Hals.
»Das kann ich dir jetzt nicht erklären«, sagte Papa. »Das ist zu kompliziert.«
Er schob mich aus dem Stall und machte die Tür zu. Ich blieb draußen stehen und hörte, wie Papa da drinnen rumorte.

Hoffentlich fange ich nicht an zu weinen, dachte ich. Am liebsten hätte ich mich vor Laura versteckt. Aber sie kam mir schon entgegen.
»Und?« fragte sie. »Was ist er?«
»Arbeitslos«, flüsterte ich heiser.
»Wie bitte?« schrie Laura. »Das ist ja gar nichts! Und ihr wollt bei uns in Vogelsang wohnen? Da müßt ihr euch aber was einfallen lassen!«
»Wir denken gar nicht dran!« schrie ich. »Wir wohnen hier und damit basta! Hau doch ab, wenn dir das nicht paßt!«
Laura sah mich wütend an.
»Das werd ich auch!« rief sie und rannte davon.
»Komm bloß nicht wieder!« schrie ich ihr hinterher.
Mama wunderte sich, warum ich so still war und nicht zu Laura spielen ging.
»Habt ihr euch gezankt?« fragte sie.
Ich nickte stumm.
»Du kannst mir auf dem Acker helfen«, sagte Mama.
Sie wollte mir zeigen, wie gejätet und Unkraut gezupft wird. Das schwierige war nur, daß auf Mamas Acker fast nur Unkraut wuchs. Auf den Beeten von Lauras Mama dagegen standen Möhren, Kohlrabi und Radieschen ordentlich in Reihen. Es gab Zuckererbsen, Erdbeeren, Petersilie… Magda hatte sogar ein Gewächshaus, in dem Tomaten und Paprikaschoten reiften.
Mama kniete auf ihrem Acker und riß das Unkraut büschelweise aus. Sie stöhnte, weil ihr der Rücken weh tat, und sah ratlos auf das viele Grün in unserem Garten. Alles wuchs, nur nicht das, was Mama wollte.

»Nein«, sagte sie und stand auf. »Von dieser Schinderei habe ich wirklich genug!«
Sie zog mich zu sich heran. »Kannst du ein Geheimnis für dich behalten?« flüsterte sie.
Wieder nickte ich.
»Wirst du es niemandem verraten«, vergewisserte sich Mama flüsternd, »auch nicht Laura?«
»Die erfährt von mir überhaupt nichts mehr«, sagte ich.
»So schlimm?« fragte Mama.
»Ach laß«, sagte ich.
Mama sah mich an. Dann nahm sie meine Hand und führte mich zu der jungen Fichte. Sie zeigte zwischen die dichten Zweige, und ich stellte mich auf Zehenspitzen.
Weit hinten, im Schatten verborgen, saß ein Nest, und in dem Nest kuschelten sich drei Vogelkinder aneinander. Sie hielten ganz still und meinten wohl, wir würden sie nicht erkennen, weil ihre Federn die Farbe des Nestes hatten. Ihre dunklen, glänzenden Augen guckten uns halb ängstlich, halb neugierig an.
»Es sind Gartengrasmücken«, flüsterte Mama. »Sie kommen aus Afrika.«
Eigentlich sahen sie nicht besonders aus mit ihren braunen Federn – kein bißchen wie Afrika.
Mama aber strahlte und flüsterte, daß sie das Geheimnis schon lange wüßte. Von ihrem Acker aus hatte sie beobachtet, wie die Vogeleltern ihr Nest in diesem Baum gebaut hatten. Sie hatte sich die kleinen Eier angeschaut und darauf gewartet, daß die Vogelkinder schlüpfen würden.
»Die Grasmücken sind meine Frühlingsfreude gewesen«, flüsterte

Mama. »Zuerst waren sie ganz nackt, nun haben sie schon Federn. Bald lernen sie fliegen und werden mit ihren Eltern in unserem Garten herumhüpfen, und wir können sie singen hören. Im Herbst machen sie sich auf die weite Reise nach Afrika und bleiben den Winter über dort. Aber wenn es ihnen bei uns gefallen hat, dann kommen sie im Frühling in unsere Fichte zurück.«
Ich konnte mich überhaupt nicht mit Mama freuen. Ich mußte immerzu nur eins denken: Papa ist arbeitslos, und Laura ist nicht mehr meine Freundin.
Mama küßte mich auf die Wange.
»So«, sagte sie, »und jetzt geh ich wieder auf den Acker.«
Und sie marschierte zu ihren Beeten, unternehmungslustig mit den Armen schlenkernd. Ja, Mama war wieder richtig gut gelaunt, als ob sie nicht eben erst müde und traurig gewesen wäre.
Ich fand Mama einfach unmöglich.
Plötzlich hörte ich meinen Patschke bellen.
Ich suchte ihn. Er stand auf dem Weg, bellte und wedelte gleichzeitig mit dem Schwanz. Das macht er nur, wenn jemand kommt, den er kennt.
Jetzt sah ich Laura auch. Sie kam aber nicht, sondern kauerte am Boden und spielte mit einem Stock.
Langsam schlenderte ich den Weg entlang. Ich wollte zu Laura, aber das sollte sie nicht merken. Darum ging ich sogar an ihr vorbei. Nach ein paar Schritten schaute ich mich um.
Laura spielte einfach weiter. Als ob es mich gar nicht geben würde.
Ich machte kehrt und blieb bei ihr stehen.
»Wir haben was ganz Besonderes«, sagte ich. »In unserem Garten.«
Laura ließ den Stock fallen und stand auf.

»Soll ich es dir zeigen?« fragte ich.
Sie antwortete nicht, aber sie kam mir hinterher.
Ich führte sie zum Vogelbaum. Mama oben auf ihrem Acker drehte uns den Rücken zu. Sie merkte gar nicht, daß ich ihr Geheimnis verriet.
Ich stellte mich auf Zehenspitzen und drückte die piksigen Zweige runter. Jetzt konnte Laura das Nest sehen. Die Vogelkinder hockten still darin. Ich reckte mich, bis ich in das Nest hineinfassen konnte. Oh, wie warm und weich war es darin! Ich holte eins von den kleinen Vogelkindern heraus.
»Es ist aus Afrika«, flüsterte ich stolz.
Laura machte große Augen.
»Das ist das allerniedlichste, wirklich das allerniedlichste Tierkind überhaupt!« quiekte sie begeistert.
»Ich schenk es dir«, sagte ich und legte Laura das Vogelkind in die Hände.
Patschke wedelte mit dem Schwanz und machte neugierig Männchen.
Ich holte die anderen beiden Vögel aus dem Nest. Das Nest war sowieso viel zu eng für sie!
»Wir setzen sie in eine Kiste und füttern sie, bis sie groß sind«, flüsterte ich Laura zu.
Sie nickte begeistert.
»Aber meine Mama darf das nicht wissen«, sagte ich.
»Dann bringen wir sie zu uns«, flüsterte Laura.
Wir rannten los, die warmen Vögelchen fest in den Händen, Patschke hinter uns her.
Lauras Eltern standen in der offenen Haustür. Theo hatte seinen

Schnurrbart gutgelaunt nach oben gezwirbelt und lachte uns entgegen.

Wir wollten eine Kiste für die Vögel haben und eine Babyflasche, aber eine kleinere als die, mit der die Lämmer aufgezogen werden, die keine Mama haben. Und Watte brauchten wir, unbedingt Watte, denn in der Kiste mußte es schön weich sein, wie es die kleinen Vögel gewöhnt waren.

Theo und Magda starrten sie an und freuten sich kein bißchen. Im Gegenteil. Sie sahen richtig erschrocken aus.

»Laura!« riefen sie wie aus einem Munde. »Laura! Wo habt ihr die Vögel her?«

Laura senkte den Kopf.

»Aus unserem Garten«, murmelte ich.

»Line! Laura!« riefen sie wieder. »Habt ihr sie etwa aus dem Nest genommen? Die sind doch noch gar nicht flügge!«

Laura schaute auf.

»Darum wollen wir uns ja um sie kümmern«, sagte sie. »Wir werden sie füttern und pflegen und gut auf sie achtgeben.«

»Habt ihr den Verstand verloren«, schimpfte Magda. »Das ist unmöglich. Ihr wißt wohl nicht, wie empfindlich kleine Vögel sind! Sie können nur von ihren eigenen Eltern großgezogen werden, nur die wissen, wie das gemacht werden muß. Ihr zeigt mir sofort, wo das Nest ist, und wir bringen sie zurück.«

Theo sah jetzt traurig aus, obwohl sein Schnurrbart so lustig gezwirbelt war. »Ich glaube nicht, daß die Eltern ihre Jungen wieder annehmen. Ihr habt sie angefaßt. Das mögen Vögel nicht«, sagte er leise.

Magda seufzte. »Wir versuchen es wenigstens«, sagte sie und ging

los. Sie legte die Vogelkinder in das Nest in unserer Fichte zurück.
»Seht mal«, sagte sie, »ich fürchte, das eine ist schon tot.«
Es lag schlaff und reglos in ihrer Hand, und über seine braunen Augen war eine dünne bläuliche Haut gezogen.
Laura schluchzte. Ich nahm ihre Hand. Kaum fühlte ich sie in meiner, mußte ich auch schluchzen. Aber Laura zog ihre Hand weg.
»Ich glaube nicht, daß die Vögel überleben«, sagte Magda und ging zum Acker. Bestimmt wollte sie Mama erzählen, was passiert war.
»Wein doch nicht so«, sagte ich zu Laura. Dabei weinte ich selber.
Schluchzend ging Laura aus unserem Garten, vorbei an meinem Papa, der ihr verwundert nachschaute.
Ich nahm meinen Patschke auf den Arm und kroch unter den Holunderbaum. Hier wollte ich sitzen bleiben und nie mehr hervorkommen.
Ich drückte mein Gesicht in Patschkes Fell.
»Lieber, lieber Patschke«, flüsterte ich.
Patschke war der einzige, der mich verstand und der mich immer liebhaben würde, auch, wenn ich was falsch gemacht hatte, auch, wenn Papa arbeitslos war. Ja, so ist mein Patschke. Er ist der beste Hund von der Welt.
Von nun an sollte eben er mein einziger Freund sein. Ich seufzte und spähte durch die Holunderblätter. Papa war nicht mehr am Zaun. Spaten und Schippe hatte er fortgeräumt. Also würde er heute nicht weiterarbeiten.
Mama und Magda waren auch nicht mehr auf dem Acker. Bestimmt war Abendbrotzeit.
Ich stand auf und beschloß, in mein Zimmer zu gehen. Auf keinen

Fall würde ich heute Abendbrot essen. Vielleicht würden Mama und Papa sich dann Sorgen um mich machen.
In der Küche saß Mama und hielt die Hände vor das Gesicht. Sie weinte ganz furchtbar. Papa stand neben ihr und hatte einen roten Kopf. So einen roten Kopf hat er nur, wenn er sehr wütend ist.
»Verschwinde in dein Zimmer!« zischte er mich an.
Ich verschwand sofort. Schloß die Tür ganz fest. Verkroch mich unter der Bettdecke. Hielt mir mit beiden Händen die Ohren zu, um nicht Mamas Weinen und Papas zornige Stimme durch die Wand zu hören.
Plötzlich war es Nacht im Zimmer und draußen hinter den Fensterscheiben auch. War ich etwa eingeschlafen? Das glaube ich nicht. Aber mein Patschke lag zusammengerollt neben mir auf der Bettdecke und schnarchte.
»Ach Patschke«, flüsterte ich, »du hast es gut.«
Ja, ich wollte lieber ein Hund sein wie er. Für Hunde gibt es so etwas Doofes wie Arbeitslosigkeit nicht.
Nebenan war es still. Bestimmt schliefen Mama und Papa auch schon.
Ich fühlte mich so allein. Wären wir doch nie nach Vogelsang gezogen!
Ich weinte unter der Bettdecke.
In Berlin wäre ich nicht so allein gewesen. Ich hätte mich angezogen und wäre aus dem Haus geschlichen. Ich kenne den Weg zu Oma und Opa genau. Ich kenne ihre Fenster oben im dritten Stock und den Balkon und die Blumenkästen auf dem Balkon. Vielleicht guckt Opa gerade vom Balkon runter und sieht mich unten an der Ampel stehen. Opa, schreie ich, so laut ich kann, und Opa winkt

mir zu. Er geht ins Zimmer und ruft: Oma, stell dir vor, wer unten an der Ampel steht! Denk nur, unsere Line kommt! – Wirklich? Oma freut sich. So ein gutes Kind! Da will ich gleich ihr Lieblingseis aus dem Tiefkühlfach holen. – Tu das, sagt Opa, ich geh schon mal und mach die Wohnungstür auf. – Und mein Opa steht oben in der offenen Wohnungstür und freut sich, wie ich die Treppe zu ihm hinaufgesprungen komme, Patschke neben mir.
»Opa… Opa…« weinte ich. »Mein Opa! Ich hab solche Sehnsucht nach dir!«
Das war die erste Nacht in Vogelsang, in der ich nicht geschlafen habe, weil ich so traurig war.

7

Mit Laura war es für alle Zeiten aus. Erst rannte ich noch jedesmal vors Haus, wenn Patschke bellte. Ich stand am Weg und wartete und wartete.
Aber Laura kam nicht mehr. Und ich ging erst recht nicht zu ihr hin!
Laura war gemein! Was konnte ich dafür, daß Papa arbeitslos war?
Mit Mama und Papa verstand ich mich auch nicht mehr. Wegen Papa hatte ich meine beste und einzige Freundin verloren.
Und Mama guckte immer noch traurig.
Die Vogelkinder waren alle drei gestorben.
Mit ihrer leisen, traurigen Stimme hatte mir Mama schließlich alles über Vögel und ihre Kinder erzählt, was sie wußte. Sie wußte sehr viel.
Ich wollte das alles gar nicht hören. Ich würde bestimmt nie wieder ein Vogelkind aus dem Nest nehmen, denn ich will nicht, daß meinetwegen Tiere sterben. Ich möchte ein Tierfreund sein.
Aber daß ich ein Geheimnis für mich behalten kann, glaube ich nicht. Das sagte ich Mama auch. Besser ist es, sie verrät mir kein Geheimnis mehr. Mama nickte.
Mir gefiel es überhaupt nicht mehr in Vogelsang.
Eines Tages rief Mama: »Line, hol dein Rad! Wir fahren hinunter ins Dorf!«

Ins Dorf wollte ich eigentlich nie mehr. Aber Mamas Stimme klang etwas fröhlicher als sonst, und außerdem langweilte ich mich.
Mama hängte eine Tasche an ihren Lenker.
»Was willst du denn damit?« fragte ich.
»Das verrate ich noch nicht«, sagte Mama. Jetzt lächelte sie sogar.
In der Tasche klirrte es, als wir auf dem holprigen Weg fuhren. Ich war wirklich neugierig.
»Zu wem willst du eigentlich?« fragte ich Mama, als wir unten im Dorf an den Häusern vorbeifuhren.
Mama bremste. Ich konnte es nicht glauben! Gerade vor dem großen Hoftor von diesen Löbkes stieg sie ab! Hinter dem Hoftor kläffte ein Hund.
Als ich mein Fahrrad an die Hauswand lehnte, bewegte sich hinter dem Fenster eine Gardine. Dann ging das Hoftor auf, und eine alte Frau schaute uns an.
»Guten Tag, Frau Löbke!« sagte Mama. »Ich habe gehört, Sie verkaufen frische Milch von Ihren Kühen.«
Frau Löbke nickte.
»Kann ich zweimal die Woche vier Flaschen haben?« fragte Mama und stellte die Tasche ab.
Jetzt wußte ich, was darin klirrte.
Frau Löbke mischte gerade Körner und Eierschalen in einer Schüssel. »Ich muß nur erst die Hühner füttern«, sagte sie.
»Oh! Sie haben Hühner!« rief Mama. »Verkaufen Sie auch Eier? So ein frisches Hühnerei schmeckt ganz anders als die vom Supermarkt!«
»Na, wenn Sie Eier haben wollen...« sagte Frau Löbke und ging mit der Schüssel los.

Ich lief ihr hinterher. »Darf ich mitkommen, Frau Löbke?«
»Zu mir sagen alle Oma Löbke«, sagte Oma Löbke und ließ mich in den Hühnerhof.

Löbkes Hühner sind bunt und ziemlich frech. Oma Löbke jagte sie vor sich her.
»Sonst fliegen die mir in die Schürze«, sagte sie.
Ich durfte unsere Eier selber aus dem Nest nehmen. Sie fühlten sich warm an. Ich konnte mir vorstellen, wie sie vor kurzem noch in einem Hühnerbauch aufgehoben waren.

Weil mir das Eiersammeln soviel Spaß gemacht hatte, nahm mich Oma Löbke auch in den Kuhstall mit. Die Milch war schon in einem großen Eimer drin. Kühe müssen nämlich sehr früh am Morgen gemolken werden, wenn fast noch Nacht ist und die meisten Menschen schlafen. Das habe ich bei Löbkes gelernt.
Hundert Katzen saßen um den Milcheimer herum und schnurrten, als ich mit Oma Löbke in den Stall kam. Na gut, vielleicht waren es nicht hundert, aber jedenfalls mehr Katzen, als ich jemals um einen Eimer habe sitzen sehen.
Oma Löbke kippte Milch in die leeren Flaschen, die wir mitgebracht hatten. Die ganze Zeit lauerten und schnurrten die Katzen, und zum Schluß gab ihnen Oma Löbke auch ihren Schwapp Milch in den Katzennapf.
Später hat Oma Löbke uns Kater Mims geschenkt. Ich dachte, Kater Mims würde sich einsam bei uns fühlen, weil er eine so riesige Katzengesellschaft gewohnt war. Aber im Gegenteil. Er ist sehr stolz, unser einziger Kater zu sein, und findet, keiner ist so wichtig wie er.
Patschke dagegen hält sich für viel wichtiger, und so gibt es oft Streit zwischen den beiden.
»Sie benehmen sich wie Hund und Katze«, sagt Mama dann, und ich muß lachen, denn das sind sie ja auch.
Als Oma Löbke und ich aus dem Kuhstall rauskamen, traf mich was Nasses auf die Schulter. Oma Löbke drehte das Gesicht nach oben. Unterm Dachfirst hatten Schwalben ihre Nester. Sie flogen rein und raus und kackten einfach in die Luft.
Oma Löbke wischte mir mit ihrem Taschentuch die Schwalbenkakke von der Schulter. Ich war sauer, aber Oma Löbke tröstete mich

und sagte, von einer Schwalbe angekackt werden bringt Glück. Ich kann mir nicht vorstellen, wie Vogelkacke zu Glück werden soll. Dann dürfte es doch überhaupt kein Unglück mehr auf der Welt geben! In Vogelsang jedenfalls gibt es so viel Vogelkacke, daß es für das Glück der ganzen Welt reichen müßte.

Oma Löbke seufzte nur, als ich ihr das sagte, und meinte, sie hätte sogar noch etwas anderes, das Glück bringen soll.

Sie ging mit mir hinüber zum Pferdestall und zeigte mir die Hufeisen, die neben der Stalltür hängen. Die meisten von ihnen sind verrostet.

Ich sah Oma Löbke fragend an.

»Ja, die sollen auch Glück bringen«, erklärte sie mir, »wir heben alle auf.«

»Und haben sie geholfen?« fragte ich.

Oma Löbke zuckte mit den Schultern. »Man weiß ja nicht, wie alles gekommen wäre, hätten wir die Hufeisen nicht.«

Kaum hatte sie das gesagt, hörten wir es drinnen im Pferdestall rumpeln. Erst rumpelte es, und dann gab es einen Riesenlärm.

»Junge!« schrie Oma Löbke und stürzte in den Stall. »Junge, ist alles in Ordnung?«

Der Junge, den sie meinte, war Ralf.

Er wühlte sich zwischen acht Pferdebeinen aus dem Stroh und wurde knallrot, als er mich sah.

Oma Löbke zog ihn hoch und schimpfte: »Junge, was hast du nur wieder angestellt! Hast du dir was getan? Wehe, wenn du dir was getan hast! Dann passiert aber was, das kann ich dir sagen!«

Ich sah Oma Löbke mit hochgezogenen Augenbrauen an. Diesen Blick habe ich bei meinen eigenen Eltern geübt. Wenn ich lange

genug so gucke, werden sie sogar mitten im dollsten Geschimpfe still. Auch bei Oma Löbke klappte mein Durchhalteblick phantastisch.
Ralf aber grinste. Er klopfte sich das Stroh von Hose und Hemd und murmelte: »Na endlich is' Ruhe!«
»Frecher Bengel!« rief Oma Löbke und wollte ihn packen, aber Ralf kletterte schnell an der Stallwand hinter den Pferden hoch in die Dachsparren.
»Komm sofort da runter!« schrie Oma Löbke.
Kaum hatte sie das gesagt, gab es wieder einen Krach, und ein Sparren brach, und Ralf sauste hinunter und zwischen den beiden Pferderücken ins Stroh.
Ich wunderte mich nur, daß die Pferde so ruhig stehenblieben. Wahrscheinlich kam Ralf alle naselang so von oben zwischen sie runtergesaust, und sie hatten sich daran gewöhnt.
Ralf rieb sich den Hinterkopf. Oma Löbke seufzte.
»Na, was soll man da machen«, sagte sie, »der Junge ist eben so.« Sie schneuzte sich mit ihrem Taschentuch, in dem schon die Schwalbenkacke war.
»Du bist ein kluges Kind«, sagte sie zu mir, »und ich glaube, auch ein gutes.«
Und damit ging sie aus dem Stall. Kaum war sie fort, kroch ich zwischen die Pferde. Plötzlich hatte ich nicht mehr solche Angst vor ihnen.
Ich suchte nach Balkenvorsprüngen und Halt an den Pferdegeschirren, Seilen und Haken, die an der Wand befestigt waren, und kletterte die Stallwand hinauf, wie Ralf es getan hatte. Es war gar nicht schwer.

Von oben konnte ich auf Ralf hinuntersehen. Gerade stand er wieder auf.
»Hallo!« rief ich. »Hier bin ich!« und winkte.
»Paß bloß auf!« brüllte Ralf.
Aber der Sparren unter mir war fest. Dachte ich. Ich ritt auf ihm wie auf einem Pferd.
Ralf unten im Stroh rieb sich immer noch den Hinterkopf.
»Paß bloß auf!« wiederholte er.
Ich sammelte meine Kraft und schrie den Tarzanschrei. Ich übte ihn schon lange, aber er klang nicht so gut wie der von Laura.
Ralf zeigte mir einen Vogel. Ich wollte ihm den Vogel zurückgeben, da krachte es. So schnell bin ich noch nie von irgendwo oben nach irgendwo unten gelangt. Rumms!
Ralf lachte. Und obwohl mir mein Po weh tat, lachte ich auch.
Als wir aus dem Stall kamen, wollte meine Mama gerade wieder los. Ich wollte aber nicht mit. Mama erlaubte mir, bis zur Abendbrotzeit bei Löbkes zu bleiben.
»Na, dann kommt mal in die Küche«, sagte Oma Löbke. »Ihr müßt doch Durst haben.«
Sie gab uns Apfelsaft. Den hatte sie mit Ralfs Mutter selbst aus Äpfeln gemacht.
Die Tür zum Wohnzimmer stand offen. Ich hörte sofort, daß der Fernseher an war. Genau wie Laura gesagt hatte! Ich ging mit Ralf hinein. Sein Papa saß im Sessel, aber auf einer alten Decke, damit der Sessel nicht schmutzig wurde. Ralfs Papa hatte nämlich seine Arbeitssachen an, weil er gleich wieder raus aufs Feld mußte.
Im Fernsehen waren nur Nachrichten, trotzdem setzten Ralf und ich uns aufs Sofa und sahen mit zu.

Mein Papa hätte mir das nicht erlaubt, aber Ralfs Papa beachtete uns gar nicht.

»Na prima«, rief er und klopfte sich mit der flachen Hand auf die Schenkel.

Alle, die zur Familie Löbke gehören, sagen »Na«, wenn sie mit dem Reden anfangen.

»Was ist prima?« fragte ich Ralf leise.

»Na, weil es immer mehr Arbeitslose gibt«, erklärte mir Ralf.
Im Fernseher waren jetzt eine Menge Menschen und eine Zahl mit vielen Nullen.
»Heißt das etwa hundert?« fragte ich Ralf.
Ich war richtig froh! Mein Papa war also doch nicht der einzige Arbeitslose! Na gut, vielleicht der einzige in Vogelsang, aber nicht auf der Welt!
»Doch nicht hundert!« sagte Ralf.
»Oder tausend?« fragte ich vorsichtig.
Ralf schüttelte den Kopf.
»Wieviel denn?« fragte ich.
»Na Millionen! Billionen!« sagte Ralf.
Ralfs Papa stand aus seinem Sessel auf und ging hinaus. Dafür kam Oma Löbke herein. Sie brachte Ralf und mir ein Eis.
Die Nachrichten waren vorbei. Jetzt kam ein Film, in dem viel gelacht wurde. Wirklich doof von Laura, daß sie nie zu Löbkes geht, dachte ich.
Wir streckten uns auf dem Sofa aus, leckten Eis und lachten mit den Leuten im Fernseher. War das gemütlich!

8

Ich saß noch beim Frühstück, als Patschke bellte und an der Haustür hochsprang. Ich öffnete. Draußen stand Ralf barfuß in einer großen Pfütze und sagte nichts. Er hatte seinen neuen Plastik-Kipper mit.
»Willst du mit mir spielen?« fragte ich ihn.
»Na ja«, antwortete Ralf.
»Mama, ich geh raus!« schrie ich und sprang vor Freude über alle vier Treppenstufen vorm Haus genau in die Pfütze neben Ralf. Wir waren beide von unten bis oben mit Modder bespritzt.
»Du siehst kernig aus«, lobte ich Ralf.
»Na ja«, sagte Ralf wieder.
Wir gingen los.
In der Nacht hatte es geregnet. Der Staub war von den Blättern und der Wiese gewaschen. Es glitzerte und blinkerte, wohin ich schaute. Ralf zeigte mir Schnecken, die in dem hohen Gras am Wegrand lebten. Sie hatten bunte Häuschen: rosa, zartgelb, gelbbraun geringelt,

dunkelrot, hellblau, schwarz, violett. Hundert und noch mal hundert Schnecken!
»Ich hab gar nicht gewußt, daß es so viele Schnecken in Vogelsang gibt«, sagte ich.
»Na ja«, antwortete er.
Viel reden kann ich mit Ralf nicht, dachte ich erst.
Aber Spielen mit ihm macht Spaß! Wir sammelten die schönsten Schnecken in den Kipper und fuhren sie spazieren.
»Warum hat denn niemand mit dir gespielt?« fragte ich.
Ralf konnte es mir nicht sagen. Er zuckte nur mit den Schultern.
Die Schnecken krochen aus ihren Häuschen und streckten ihre zarten Hörner über den Kipperrand. So viel wie an diesem Morgen hatten sie bestimmt noch nie von der Welt gesehen!
»Warst du schon mal in der Berta-Höhle?« fragte ich Ralf.
Er schüttelte den Kopf.
»Los, dann bringen wir die Schnecken dorthin!«
Unterwegs sah ich ihn von der Seite an. Er hatte ein richtig fröhliches Gesicht. Bestimmt war er froh, endlich jemanden zum Spielen zu haben.
»Du mußt dich aber gelangweilt haben«, sagte ich.
»Wieso?« fragte Ralf.
»Weil niemand mit dir gespielt hat«, sagte ich.
»Na, ich hab genug Arbeit«, sagte Ralf. »Die Arbeit liegt nur so rum. Die mußte nur aufheben. Hat meine Oma gesagt.«
Ich freute mich, weil Ralf so viel hintereinander geredet hatte.
Als wir in der Berta-Höhle angekommen waren, untersuchte Ralf sofort die eingesunkenen Mauern und den verschütteten Kellereingang.

»Den Eingang leg ich dir frei«, versprach er mir. »Na, und aus den Steinen, die ich raushol, bau ich dir 'n Haus auf. Ich finde dich besser als die Berta. Die hat's eh nie gegeben. Die Höhle gehört uns. Wenn das Haus erst fertig ist, können wir für immer hier leben.« Damit machte er sich an die Arbeit und rollte schnaufend den ersten Stein von der Treppe.
Ich staunte, wie lange Ralf geredet hatte. Heute weiß ich, daß er eben am liebsten über Arbeit redet. Er arbeitet ja auch schon selber wie ein richtiger Mann.
Ich glaube ihm, daß er es schafft, für uns ein Haus zu bauen. Solche Dinge brauchen natürlich ihre Zeit, das habe ich in Vogelsang gelernt. Papa baut auch immer noch an unserem Haus. Hier hört die Arbeit nie auf, sagt er.
Darum kann es in Vogelsang auch gar keine echten Arbeitslosen geben. Ralf denkt genauso.
In wenigen Tagen hatte er die Grenzen von unserem Schlafzimmer, der Küche und der Werkstatt in der Berta-Höhle abgesteckt. Die eine Hauswand war kniehoch!
Ich konnte mir unser fertiges Haus schon richtig vorstellen.
»Oh-huff! Oh-huff!« Ralf keuchte und schnaubte.
Er lag schon wieder auf den Knien vor dem Kellereingang der Schönen Berta. Mit beiden Armen zog er an einem mächtigen bemoosten Stein. Er strengte sich so an, daß sein Kopf knallrot war und der Schweiß in Strömen sein Gesicht runterfloß.
»Oh-huff!«
Der Stein ruckte nicht. Erschöpft legte Ralf sein Gesicht darauf. Staub und Erde vermischten sich mit seinem Schweiß, das sah wirklich gut aus.

»Nee«, fluchte Ralf, »diese doofe Berta kann nicht schön gewesen sein! Das ist doch ein einziger Scheiß. Wozu hat die bloß so fette Steine gebraucht? Mit den Steinen baut keiner ein Haus. Nee! Die muß doch zu doof gewesen sein!«

Ich zog die Augenbrauen hoch, denn ich mochte es nicht, wenn so von der Schönen Berta gesprochen wurde. Aber das konnte ich Ralf nicht sagen, er hatte es schwer genug.

Helfen konnte ich ihm auch nicht. Ich hatte meine eigene Arbeit. Ich buddelte ein Loch am Hang, nicht weit von der eingestürzten Hauswand entfernt. Später wollte ich es mit Steinen verschließen und mit Gras tarnen.

Das Loch sollte nämlich unser Geheimfach sein. Darin wollten Ralf und ich unsere Schätze verstecken. Wir besaßen einen schwarzen Gummischlauch, eine Glühbirne, ein rotlackiertes Teil von einem Auto und so ein komisches Ding, von dem Ralf meinte, daß es eine Batterie und sehr wertvoll sei.

Manchmal liegen solche Sachen am Weg von Vogelsang herum. Papa schimpft auf die Leute, die das weggeschmissen haben. Das sind Umweltverschmutzer, sagt er. Da hat er bestimmt recht.

Aber Ralf und ich können die meisten Sachen von den Umweltverschmutzern gut gebrauchen. Der Gummischlauch zum Beispiel war ein prima Telefon.

Wir legten ihn zwischen mich beim Geheimfach und Ralf im Kellerloch, und wenn Ralf was von mir wollte, nahm er das Schlauchende zum Mund und sprach hinein.

Ich nahm das Schlauchende, das bei mir lag, ans Ohr und konnte Ralf laut und deutlich hören.

Jetzt wollte Ralf aber nichts von mir.

Ob das Geheimfach groß genug war? Zur Probe legte ich meinen besten Schatz hinein.
Mein bester Schatz ist ein Stein mit einer versteinerten Muschel darin. Die Muschel ist klein, aber gut zu erkennen.
Mama sagt, daß das ein Fossil ist und wirklich kostbar. Ein Fossil ist eine Versteinerung aus uralter Zeit, als die Erde noch heißer war und es viel flüssigen Stein gab. Als der flüssige Stein kalt und hart wurde, blieb der Abdruck von der kleinen Muschel darin.
Ich besitze noch einen versteinerten Seestern und einen schwarzen glitzrigen Stein, der vom Mond auf die Erde runtergefallen ist und Mondstein heißt.
Der Mondstein soll mir Glück bringen. Ich finde, ich kann auch einmal bestimmen, was Glück bringt, und der Mondstein ist schön

genug für einen Glücksstein, jedenfalls viel schöner als Schwalbenkacke oder verrostete Hufeisen.
Ich legte also meinen Muschelstein in das Geheimfach. Leider war es noch nicht groß genug.
Ich kratzte mit der Scherbe von einem alten blaugeblümten Suppenteller weiter. Meine Schippe war kaputt, aber mit der Scherbe ging es sowieso besser. Ich grub noch tiefer, bis mein Arm in der Erde verschwand. Hinten in dem Loch fühlte sich die Erde feucht und glatt an, anders als vorher der Sand. Ich holte etwas von dieser Erde raus. Sie war graubraun. Ich spuckte in meine Hände und rollte die Erde zu einer glatten Kugel. Ich leckte meinen Daumen an

und steckte ihn in die Kugel hinein, und unten drückte ich sie platt. Fertig war die Schüssel! Ich stellte die Schüssel vor mich hin, legte einen Gänseblümchenkopf hinein und freute mich.
Mit dieser Erde konnte ich töpfern! Später schenkte ich Mama die kleine Schüssel.
Mama sagte, diese Erde sei Lehm. Damit konnte ich mir meine eigenen Versteinerungen machen: Ich klopfte den Lehm glatt, legte meine rechte Hand drauf und drückte sie hinein. Als ich die Hand wieder hochhob, blieb ihr Abdruck im Lehm. Neben meinem Handabdruck war noch Platz frei. Da sollte Ralf seinen Handabdruck für alle Zeiten festhalten.
Ich hob den Schlauch zum Mund.
»Hallo! Hallo! Hier spricht Line! Bitte Ralf!« brüllte ich hinein.

»Guck mal, was ich gefunden habe!« rief Ralf zurück.

Eine kleine Porzellanpuppe lag in seinen schmutzigen, zerkratzten Händen. Mit ihren blassen Wangen und den gespitzten roten Lippen sah sie sehr vornehm aus. Auf dem Kopf trug die kleine Dame einen Hut mit Krempe und Rosen drauf und in der Hand einen Federballschläger und unter ihrem Kleid einen Spitzenrock – alles aus Porzellan!

Ein Bein fehlte – aber was für ein Wunder, daß die Puppe zwischen den Steinen vom Keller nicht ganz und gar kaputtgegangen war! So etwas Feines und Seltenes steht doch sonst nur in Königsschlössern herum!

»Ich hab es dir gesagt«, erinnerte ich Ralf, »die Schöne Berta ist nicht doof gewesen.«

Ralf gefiel die Puppe so sehr, daß er mir nicht widersprach.

»Ihr seid gemein!« schrie eine Stimme, die ich kannte. Plötzlich stand Laura vor uns.

Hastig versteckte ich das Püppchen hinter meinem Rücken.

»Ihr seid gemein!« schrie Laura wieder. »Das ist meine Berta-Höhle. Sie gehört mir! Ihr habt hier nichts zu suchen.«

Ralf ließ die Arme hängen und sagte nichts.

»Laß Ralf in Ruhe!« schrie ich Laura an. »Ralf kann spielen, wo er will! Das ist nicht verboten!«

»Das ist es wohl!« schrie Laura zurück. »*Ich* verbiete es! Ich!«

»Hahaha! Da muß ich aber lachen! Wie willst du uns was verbieten? Wieso gehört dir die Berta-Höhle? Die gehört uns! Hier kommst du nicht mehr rein!« Ich sah Laura drohend an.

Sie fing an zu weinen. »Ich habe dir die Berta-Höhle doch erst gezeigt! Du Verräterin!«

»Selber Verräterin!« schrie ich Laura an. »Bloß weil mein Papa arbeitslos ist! Bloß, weil der nichts Besonderes ist! Bei dir muß ja alles besonders sein. Bei mir aber nicht. Ich bin jetzt die Freundin von Ralf.«
»Ihr seid alle beide doof!« heulte Laura, drehte sich um und wühlte sich durch die Hecke aus der Berta-Höhle raus.
»Du bist doof!« brüllte ich ihr hinterher.
»Na ja«, bemerkte Ralf, als Laura verschwunden war. Und damit holte er einen weiteren Stein aus dem Kellereingang heraus.
Für Ralf muß ich nichts Besonderes sein. Ralf kann mich so leiden, wie ich bin.
Es läutete. Mittagszeit. Papa hatte eine große Schiffsglocke in den Birnbaum gehängt. Sie glänzt golden in dem grünen Laub. Wenn Papa oder Mama an der Strippe ziehen, hören wir ihr Läuten in ganz Vogelsang, und jeder weiß, daß es bei uns Mittag oder Abendbrot oder sonst etwas Wichtiges gibt und daß ich nach Hause kommen soll.
Für Ralf ist unsere Glocke auch gut, denn seine Mama hat gesagt, er soll sich nur nach ihrem Läuten richten und so wie ich heimgehen. Löbkes haben nämlich keine Glocke wie wir.
Ralf und ich gingen also nach Hause, aber nach dem Mittagessen wollten wir sofort in der Berta-Höhle weitermachen.
Unterwegs überholte mich Saschko mit dem Fahrrad. Hinten auf dem Gepäckträger saß Laura. Als sie an mir vorbeifuhren, streckte sie mir die Zunge heraus. Sie sah kein bißchen traurig, sondern wütend aus. »Wir schießen Stare!« rief sie stolz.
Ich wußte nicht, was daran Schönes sein sollte. War Laura etwa kein Tierfreund mehr?

Saschko bremste. Bestimmt wußte er nicht, daß Laura und ich uns verkracht hatten. Jetzt sah ich auch das Gewehr, das auf seinem Rücken hing. Saschko nahm es ab. »Das ist ein Luftgewehr«, sagte er.
»Ich finde Stareschießen gemein«, sagte ich.
»Aber die Stare fressen unsere ganzen Kirschen auf!« schrie Laura.
»Na und«, sagte ich, »es gibt genug Kirschen in Vogelsang, daß es auch für die Stare reicht.«
»Dieses Jahr sind es einfach zu viele Stare«, behauptete Saschko.
»Wir haben die besten Kirschen von Vogelsang! Solche Kirschen hat keiner! Nur wir! Die gebe ich nicht her!« schrie Laura.
»Trotzdem«, sagte ich. »Wer Stare schießt, ist ein Tierquäler.« Damit drehte ich mich um und ging weiter.
»Wir sind keine Tierquäler!« hörte ich Laura schreien.
Jetzt würde sie keinen Spaß mehr am Totschießen haben!
Als ich durchs Gartentor kam, sah ich etwas Merkwürdiges. Mama schleppte ihren großen Spiegel, den sie von meiner Ururoma geerbt hatte, durch den Garten. Der Spiegel ist eines von Mamas liebsten Stücken. Ich wunderte mich, was Mama wohl mit ihm im Garten vorhatte. Durch die Wiese ging ich Mama nach. Sie blieb bei unserem Kirschbaum stehen.
»Dieses Jahr sind es einfach zu viele Stare«, sagte sie und schnappte nach Luft, denn dieser Ururoma-Spiegel ist sehr schwer.
Aber was hatte er mit Staren und Kirschen zu tun? Ich erzählte Mama, daß Laura mit Saschko Stare schießen wollte.
Mama fand das genauso schrecklich wie ich. Sie sah in unseren Kirschbaum hinauf, in dem Hunderte und Aberhunderte von

Staren sich quietschvergnügt unterhielten, Kirschen schmatzten und roten Saft zu uns hinunterspritzten.

»Nein«, seufzte Mama, »es sind wirklich zu viele. Sie werden nicht eher wegfliegen, als bis sie die letzte Kirsche verspeist haben.«

Das wollte ich nun auch nicht.

»Halt mal!« bat Mama. Sie ließ den Spiegel los, und ich brauchte meine ganze Kraft, um ihn festzuhalten. Mama nahm die lange Leiter von der Hauswand und zerrte sie zum Kirschbaum.

Wenn sie bloß nicht fällt und die Leiter auf den Spiegel kracht und der Spiegel und die Leiter mich unter sich begraben, betete ich. Mein Beten half, und Mama schaffte es. Die Leiter stand am Baum. Mama raffte ihren Rock und stieg hinauf.

»Schieb! Du mußt schieben! Hoch zu mir!« keuchte sie.

Ich gab mir Mühe, Mama zu helfen, obwohl ich mir nicht vorstellen konnte, wozu der Spiegel im Baum gut sein sollte.

Mama klemmte ihn zwischen zwei starke Äste. Mit einem Seil band sie ihn am Stamm fest. Dann kletterte sie die Leiter runter und führte mich ein Stück weit von dem Kirschbaum weg. Ihre Wangen glühten, und ihre Augen leuchteten.

»Ist das nicht wunder-wunder-wunderschön!« rief sie.

Ja, das war es! Etwas derart Wunderschönes hatte ich in Vogelsang noch nicht gesehen!

Die Sonne schien in den Spiegel, und das Spiegelglas flammte auf, als würde mitten im Kirschbaum eine zweite Sonne strahlen.

Da schrie Mama plötzlich. Aus dem Küchenfenster drang eine dunkle, stinkende Wolke.

Mama stürzte ins Haus.

»Hallo!« rief Papa. Er lag bäuchlings auf dem Dach und winkte gut-

gelaunt zu mir herunter. »Was gibt's denn zum Mittagessen? Das riecht so interessant!«
»Ich glaube, leider nichts mehr!« rief ich zu ihm hinauf und rannte hinter Mama her in die Küche.
Ich konnte nicht erkennen, was mal in dem Topf gewesen war. Jetzt jedenfalls war es schwarz und stank.
»Laßt mich runter!« hörten wir Papa draußen auf dem Dach rufen. »Runterlassen! Ich habe Hunger!«
»Wir auch!« husteten Mama und ich.
Wir zerrten die Leiter wieder vom Kirschbaum zum Haus und befreiten Papa. Dann zeigten wir ihm, warum Mama den Topf auf dem Herd vergessen hatte und warum das Essen angebrannt war. Papa staunte nicht schlecht über den Spiegel im Baum und das strahlende Licht darin.
»Wozu soll das gut sein?« fragte er.
»Für die Schönheit natürlich, das siehst du doch!« rief ich vorwurfsvoll.
Mama drückte mich an sich und sagte: »Und gegen die Stare. Ein Spiegel im Baum hilft gegen Stare.«
»Aha«, bemerkte Papa und hielt sich die Hand schützend über die Augen gegen all das helle Licht aus dem Spiegel. Er nahm die Hand wieder runter und fragte:
»Vielleicht habt ihr vergessen, den Staren das zu sagen?«
»Was denn?«
»Daß sie sich vor dem Spiegel fürchten sollen«, erklärte Papa.
»Wieso?« riefen Mama und ich wie aus einem Mund.
»Schaut mal genau hin – kann ja sein, ich irre mich. Mein Eindruck ist aber, Stare sehen sich gern beim Kirschenessen im Spiegel zu.«

Mama und ich hoben jetzt auch schützend die Hände und sahen in den Baum. Tatsächlich, der Spiegel machte den Staren überhaupt nichts aus! Unbeirrt hackten, flatterten und naschten sie in unserem Kirschbaum.
»Wißt ihr was?« Papa lachte. »Ich laß das Dach Dach sein, hol den Korb und pflück uns zum Mittagessen unseren Teil Kirschen, bevor nichts mehr für uns übrigbleibt.«
»Ach ja«, sagte Mama und setzte sich ins Gras.
Ich setzte mich neben sie. Wir sahen zu, wie Papa die Leiter wieder von der Hauswand nahm, zum Kirschbaum schleppte und mit dem Korb in der Hand hinaufstieg. Er saß zwischen den vielen Staren im Baum und pflückte Kirschen für uns.
»Aber schön ist der Spiegel im Kirschbaum«, tröstete ich Mama.
»Findest du?« fragte Mama, und ihr Gesicht sah aus, als ob sie noch mehr Trost brauchte.
»Wenn ich Gott wäre und in mein Kinderzimmer schauen und so was Schönes sehen würde, wäre ich jedenfalls sehr froh«, überlegte ich laut.
Mama lächelte. »Wenn es so ist«, sagte sie, »bleibt der Spiegel da, wo er ist.«
Und so strahlte der Spiegel von Ururoma den ganzen Sommer über aus unserem Kirschbaum.
Kirschen sind das leckerste Mittagessen überhaupt. Und das lustigste! Mama, Papa und ich wetteten, wer am meisten Kirschen auf einmal in den Mund stopfen konnte. Und dann wetteten wir, wer die Kerne am weitesten spuckt.
Die Wetten machten mir so viel Spaß, daß ich immer noch mehr Kirschen aß, obwohl ich längst satt war. Ich glaube, Mama und

Papa fürchteten, ich könnte platzen, darum ließen sie mich Sieger sein.

»Ich wundere mich nur, wie all die Kirschen so werden, daß sie so aussehen, rund und rot, und so gut schmecken«, sagte ich.

Papa erzählte mir von Knospen und Blüten, wie das mit der Bestäubung geht, von Staubfäden, Stempeln und Fruchtknoten, von Sonne, Erde und Wasser, von Blättern, von Luft und noch viel mehr.

Als er alles, was er wußte, erzählt hatte, sagte ich: »Aber trotzdem.«

Ich konnte mir immer noch nicht vorstellen, wie aus all dem, was Papa mir beschrieben hatte, die Kirschen werden können. Und ich staune immer noch darüber.

Mama staunt genauso wie ich. Sie sagt: Das ist eben das Wunder des Lebens. Niemand kann es richtig erklären. Darum sagen manche, vielleicht hat das der liebe Gott gemacht.

Ich glaube, daß der liebe Gott überhaupt alles in Vogelsang gemacht hat. Und Mama sagt, sie glaubt das auch.

Mein Papa dagegen glaubt das nicht. Er sagt, er braucht keinen Gott. Ich finde, das ist schade für meinen Papa. Denn dann hat er keinen Gott, und das ist beinahe so, als ob er gar nichts hätte von dem ganzen Wunder.

Dachte ich.

Papa behauptet dagegen, er könne sich auch ohne Gott wundern, einfach so. Das konnte ich mir lange nicht vorstellen.
Mit einem schweren, süßen Kirschenbauch und einer Tüte voll Kirschen für Ralf ging ich zur Berta-Höhle zurück. Unterwegs überholten mich wieder Saschko und Laura auf dem Fahrrad.
»Tierquäler!« schrie ich sie an. »Tierquäler!«
Saschko bremste scharf. Mit einem Zipfel von seinem Hemd putzte er die Brillengläser blank.
»Du brauchst so ein Wort nicht zu mir zu sagen...« fing er an.
»Saschko hat die Stare sowieso nicht getroffen!« schrie Laura. »Die Stare sind bei jedem Knall sofort alle weggeflogen!«
Saschko putzte weiter seine Brillengläser, obwohl sie längst blank waren.
»Einen haben wir!« schrie Laura weiter. »Aber nur einen!«
Sie fummelte am Verschluß der Satteltasche herum. Saschko setzte sich die Brille wieder auf.
»Einer genügt«, sagte er.
»Einer genügt!« schrie Laura, als ob sie sein Echo wäre.
Sie hatte die Satteltasche endlich aufgekriegt und zeigte mir den toten Star, der darin lag.
Ich betrachtete ihn neugierig. So ein Star ist ein ziemlich großer Vogel mit gesprenkelten Federn, einem langen Schnabel und einem kurzen Schwanz. Jetzt entdeckte ich auch das Blut zwischen den Federn. Es trocknete schon.
»Armer Star«, sagte ich leise.
»Wir binden seine Beine zusammen und hängen ihn oben in unseren Kirschbaum«, erklärte Saschko ungerührt.
»In unseren Kirschbaum«, echote Laura wieder.

»Zur Abschreckung für die anderen Stare«, sagte Saschko. »Papa hat gesagt, es genügt, einen toten Star in den Baum zu hängen, um die anderen zu vertreiben.«
»Das glaube ich nicht«, sagte ich und dachte an unsere Mühen mit dem Spiegel.
Plötzlich hatte ich Mama wieder so lieb. Ich finde es viel schöner, wenn ein Spiegel im Kirschbaum hängt und kein toter Star. Nein! Da könnte ich überhaupt nie mehr zu unserem Kirschbaum hinsehen. Und selbst wenn der tote Star helfen würde, daß die Kirschen hängen blieben – die möchte ich nicht essen! Wenn die neben dem toten Star reif geworden sind! Das ist mir zu eklig! Ich müßte immerzu an den toten Star denken, der da im Wind baumelt.
»Ihr werdet ja sehen, was ihr davon habt, ihr Tierquäler«, sagte ich mit böser Stimme.
»Was mein Papa sagt, stimmt immer«, zischte Laura und stopfte den armen Star wieder in die Satteltasche.
»Wir können ja wetten«, schlug Saschko vor. »Ich sage, der Star hilft, und du sagst, er hilft nicht.«
»Na gut«, sagte ich. »Worum wetten wir?«
»Einen Eimer Kirschen von unserem Baum gegen einen Eimer Kirschen von eurem.«
Mit dieser Idee war Laura überhaupt nicht einverstanden.
»Die kriegt keine Kirschen von unserem Baum«, schimpfte sie. »Die nicht!«
Saschko winkte ab und fuhr mit Laura hinten auf dem Gepäckträger los.
»Wir essen unsere Kirschen aber gerade auf!« schrie ich ihnen hinterher.

»Was wollten die denn von dir?« fragte Ralf, der mir gerade entgegenkam.
Ich hatte keine Lust, darüber zu reden, und zuckte mit den Achseln.
»Na ja«, meinte Ralf.
Das ist eben das schöne an ihm, daß er mich in Ruhe läßt, wenn ich meine Ruhe brauche.
Ich hielt ihm die Tüte mit den Kirschen hin. Er fing sofort an zu essen.
»Bei der Berta-Höhle steht ein großes schwarzes Auto«, erzählte er. Er maß mit ein paar weit ausholenden Schritten. »Sooo ein Schlitten!« Seine Stimme klang anerkennend.
Wir hielten uns im Schatten der Bäume am Wegrand und schlichen uns an das schwarze Auto heran.
Noch nie in meinem ganzen bisherigen Leben hatte ich so ein gruseliges Auto gesehen. Auf seine Türen waren silberne Totenkränze gemalt.
Vorn saß niemand. Auf dem Fahrersitz lag aufgeschlagen eine Straßenkarte. Und ein Fernglas. Hinten konnten wir nicht hineinsehen. Schwarze Gardinen waren vor die Scheiben gezogen. Bestimmt lag ein Toter darin!
Plötzlich hörten wir Zweige knacken. In unserer Berta-Höhle! Wir spähten durch die Hecke. Ein alter Mann stöberte in unserer Berta-Höhle herum! Er war von oben bis unten schwarz angezogen, sein Haar dagegen war schneeweiß, genau wie seine runzelige Haut. Zum Fürchten sah er aus.
Er kletterte über die Trümmer, stieg die Treppe zum Kellereingang hinunter, stieg wieder hinauf, schlich um die Hauswände. Die gan-

ze Zeit hielt er sich eine Videokamera vor die Augen und filmte jeden Schritt.
Wenn er bloß unsere Schätze nicht findet, betete ich.
Der Alte kam aus der Berta-Höhle raus. Ohne einen einzigen Schatz von uns gefunden zu haben. So arm, wie er gekommen war, mußte er wieder in sein Auto steigen.
Ralf und ich grinsten böse, als wir sahen, wie schwierig es war, den großen Totenschlitten auf unserem schmalen Weg zu wenden. Endlich verschwand das Auto hinter der Hügelkuppe, und auch der Motorlärm war nicht mehr zu hören.
Was der wohl in unserer Berta-Höhle gesucht hatte? Er konnte doch von unseren Schätzen gar nichts wissen! Steinalt war der Mann – vielleicht hatte er das Haus von der Schönen Berta noch gekannt und wollte im Keller nach ihrem Geheimnis suchen? Genau wie Ralf und ich?
Ich buddelte schnell das Geheimfach fertig. Und dann half ich Ralf Steine wuchten. Wir wollten vor dem Alten an das Geheimnis rankommen. Zu zweit würden wir es schaffen!

9

Nirgendwo auf der Welt gibt es so viele Wunder wie bei uns in Vogelsang! Ich jedenfalls habe gemerkt, daß hier das Beten und Wünschen viel besser hilft als in Berlin.

Ich wollte immer so gern in die Schule gehen. Ich wollte einen bunten Ranzen haben mit einem Hundebild drauf und natürlich eine Zuckertüte.

Solange wir in Berlin wohnten, half alles Wünschen nichts. Aber in Vogelsang! An einem Sonnentag setzte mich Mama draußen im Garten in die Zinkbadewanne und schrubbte mich. Sie half mir in mein feines hellblaues Kleid und die weißen Söckchen. Ich durfte die schwarzen Lackschuhe anziehen und bekam Schleifen in die Zöpfe. Ich sah wunderschön aus, als ob es soweit sei mit dem Schulanfang.

Das war es auch bald! Ich mußte nur noch Doktor Malinka besuchen. Doktor Malinka wohnt in der Stadt. Er ist sehr alt. Ich glaube, er hat alle Krankheiten erlebt, die es auf der Welt gibt. Aber fast genauso viel weiß er von den Leuten, die in den Dörfern hier wohnen. Die jetzt alt sind, hat er als Kinder schon gekannt, dann hat er ihnen geholfen, selber Kinder zu kriegen, und immer so weiter. Mir hat Doktor Malinka geholfen, als ich die schlimmen Ohrenschmerzen hatte. Obwohl ich so laut schrie, gingen sie nicht weg.

Es war die einzige Nacht in meinem ganzen bisherigen Leben, in der ich gern schlafen wollte, aber nicht schlafen konnte. Endlich kam Doktor Malinka. Die Nacht war stockdunkel, und es regnete wie aus Eimern, trotzdem kam er zu uns nach Vogelsang. Und er verließ uns erst wieder, als ich aufhören konnte zu schreien. Mit Doktor Malinkas Hand auf der Stirn schlief ich ein. Als ich die Augen öffnete, waren Nacht und Regen vorbei, und Doktor Malinka war fort und die Ohrenschmerzen auch. Als ob er sie mitgenommen hätte, weg von mir und weg von unserem Haus und weg aus ganz Vogelsang.

Seitdem weiß ich, daß Doktor Malinka nicht nur alle Krankheiten heilen kann, sondern auch Kinder, die sonst nie schlafen, unter seiner Hand einschlafen läßt. Ich glaube, Doktor Malinka hat eine Zauberhand.

Als ich Doktor Malinka diesmal besuchte, war ich aber nicht krank. Doktor Malinka sollte nur sagen, ob ich stark und groß genug war, um in die Schule zu gehen.

Er untersuchte mich genau. Er wog mich und maß mich, schaute in Nase und Ohren, ließ mich zählen und Farben benennen, und zum Schluß fragte er mich, was ich denn am liebsten spiele. Ich erzählte ihm von Patschke und den Meerschweinchen und von der Schönen Berta und ihrer Höhle. Doktor Malinka sah mich erstaunt an.

»Die Schöne Berta«, sagte er, »spricht man noch von ihr!«

»Kennen Sie die Schöne Berta denn?«

Ich war aufgeregt! Vielleicht konnte Doktor Malinka uns helfen, das Geheimnis der Schönen Berta zu lösen.

Doktor Malinka nickte.

»Sie war wirklich sehr schön. Pechschwarzes Haar. Es reichte bis in ihre Kniekehlen. Die schönste Frau, die ich je gesehen habe. Als ich ihr zum ersten Mal begegnete, war ich ein junger, unerfahrener Arzt und sie eine Frau, die schon viel erlebt hatte. Winter war es und der Schnee so tief, daß die Pferde mit dem Wagen steckenblieben und ich das letzte Stück Weg zu Fuß weitermußte.«

»Und ihr Geheimnis? Hat die Schöne Berta Ihnen das Geheimnis verraten?«

Doktor Malinka schüttelte den Kopf. »Von einem Geheimnis weiß ich nichts«, sagte er. »Nur, daß ihr Leben sehr schwer war.«

Er nahm meine Hand in seine und legte seine andere Hand darüber. So war meine Hand in einem warmen Haus.

»Es macht mich froh, daß noch jemand von der Schönen Berta träumt«, sagte er zum Abschied.

Doktor Malinka hatte bestimmt, daß ich in die Schule gehen dürfte, wenn der Sommer vorbei war.

Kaum waren wir wieder zu Hause, mußte ich das hellblaue Kleid, die Söckchen und die Lackschuhe wieder ausziehen.
Ich schwang mich auf mein Fahrrad und wollte hinunter ins Dorf zu Ralf, um ihm die Neuigkeit zu erzählen: Ich darf in die Schule! Unterwegs probierte ich den Tarzanschrei. Ich war so glücklich, daß ich vergaß, mich anzustrengen. Ich trat in die Pedale, beugte mich weit über den Lenker und brüllte einfach los. Oh, klang das gut!
Ob Laura mich wohl hörte? Wie gern hätte ich ihr gesagt, daß ich bald einen Ranzen bekommen sollte und morgens wie sie mit dem Bus zur Schule fahren würde. Aber Laura war ja nicht mehr meine Freundin.
Auch zu dem Fest konnte ich sie nicht einladen, das Mama und Papa mir zum ersten Schultag versprochen hatten. Es würde das herrlichste Fest werden, das ich je erlebt hatte. Aber eben ohne Laura...
Mit einer Kopfbewegung warf ich die Zöpfe auf den Rücken. Na und! Schließlich hatte ich Ralf. Ralf würde mit mir feiern. Vielleicht auch Paul, Karlchen, Martin und Johann. Jawohl! Alle Kinder aus Vogelsang sollten mit mir feiern! Und trotzdem – ohne Laura konnte ich mir mein Schulanfangsfest nicht vorstellen.
Ich zog die Handbremse und stieg ab.
Nicht weit von mir, am Eingang zur Berta-Höhle, parkte das schwarze Totenauto. Und im Schatten vom Walnußbaum, der nahe bei der Berta-Höhle auf der anderen Wegseite steht, lauerte Ralf. Vorsichtig, damit der Kies nicht unter den Reifen knirschte, schob ich das Rad dorthin und lehnte es an den Stamm.
Im gleichen Augenblick kam der schaurige Alte aus der Berta-

Höhle. Er rollte ein Meßband ein und schrieb etwas in ein kleines Buch. Dann stieg er in das Totenauto.
Ralf und ich sahen uns entrüstet an: Beim Wenden fuhr er rückwärts in unsere Hecke!
»Doofer Alter, hau ab!« schrien wir.
Der sollte sich nie wieder in unsere Berta-Höhle wagen! Wir hatten Fürchterliches mit ihm vor! Wir mußten nur noch überlegen, was. Das Fürchterlichste überhaupt!
Tagelang lagen wir auf der Lauer und warteten auf den Alten. Endlich erschien das Totenauto wieder auf der Bergkuppe und fuhr langsam auf die Berta-Höhle zu.
Wir steckten die Hände in die Hosentaschen und machten uns bereit. Dicht am Weg unterm Schneebeerenbusch warteten wir, bis die Räder des Autos auf unserer Höhe waren. Wir zogen die Hände aus den Hosentaschen – es knackte und knallte viele Male! Knallerbsen!
Das Totenauto bremste sofort. Der Alte sprang heraus. Er bückte sich und schaute nach seinen Reifen. Er richtete sich auf und blickte suchend um sich.
Unter meiner Sandale knisterte ein trockener Zweig. Der Alte fuhr herum. Kam durch die Hecke gestürzt. Packte uns.
Ich schrie wie am Spieß und biß in seine weiße Hand. Er ließ mich sofort los. Ralf aber schüttelte er und drohte: »Das machst du nicht noch einmal, Junge! Hörst du! Nicht…«
»Lassen Sie mich los!« brüllte Ralf.
Wenn der Alte Ralf nun in sein Totenauto zerrt, dachte ich und hatte furchtbare Angst. Ich hielt Ralf am Hemd fest.
»Nein!« schrie ich. »Nein! Nein! Nein!«

Ich schrie immer lauter, so laut, daß der Alte es mit der Angst bekam und Ralf losließ. Ralf taumelte nach hinten. Der Mann strich sich kopfschüttelnd durch sein weißes Haar. Er ging zu seinem Totenauto zurück.
Ralf und ich rührten uns nicht. Der Wagenschlag knallte zu. Der Motor heulte auf. Das Totenauto fuhr davon.
Hatten wir ihn nun vertrieben? Ralf und ich mußten zugeben, daß wir beide am Ende mehr Angst hatten als der Alte. Viel mehr. Die Knallerbsen waren wohl nicht fürchterlich genug gewesen.
»Was schaust du so finster drein?« fragte mich Papa am Abendbrottisch.
Das von den Knallerbsen erzählte ich lieber nicht. Aber daß manchmal ein alter Mann in einem scheußlichen Totenauto zur Berta-Höhle kam, das erzählte ich.
Mama sah Papa vielsagend an. Papa hörte nicht auf, in seinem Teeglas herumzurühren.
»Das ist Herr Moitin«, murmelte er.
»Was! Ihr kennt den und habt mir nichts davon erzählt!« Ich war entrüstet.
Papa entschloß sich endlich, den Löffel aus dem Teeglas zu nehmen.
»Herr Moitin kommt aus Hamburg«, sagte er. »Dort hat er ein Beerdigungsunternehmen. Daher das Leichenauto. Er will in Pension gehen und zu uns nach Vogelsang ziehen.«
»Das geht ja gar nicht!« schrie ich. »In Vogelsang ist gar kein Haus mehr frei. Wo will er denn da einziehen!«
»Er wird sich ein Haus bauen.«
Ich konnte es nicht glauben. »Darf er das überhaupt?« fragte ich.

Mama und Papa starrten auf ihre Stullenbretter.
Und Papa sagte: »Ja, er hat die Genehmigung. Er kann das Haus in der Berta-Höhle wieder aufbauen.«
»Und was wird aus Ralf und mir? Was wird aus unserem Haus?«
Ich fing an zu weinen. Mama und Papa verstanden mein Unglück. Sie riefen mich nicht zurück, als ich vom Tisch aufsprang und aus der Küche stürzte.
Ich rannte den Weg entlang.
»Meine Berta-Höhle... meine Berta-Höhle...« weinte ich.

In der Berta-Höhle saß Laura auf ihrem alten Stein. Sie weinte auch. Ich setzte mich neben sie auf meinen Stein.
Laura streckte die Hand nach mir aus. Ich nahm sie, und wir hielten uns fest. Genau wie Ralf und ich fand sie Herrn Moitin gemein.
Mama holte mich aus der Berta-Höhle ab, als es duster wurde.

Laura hatte sich irgendwann ausgeweint, ihre Hand aus meiner genommen und war gegangen.
Ich wollte ihr sagen: Laura, wollen wir wieder Freunde sein? Mein Papa ist zwar arbeitslos, das ist aber nicht so schlimm, wie du denkst. Und Ralf ist kein bißchen doof. Du hast dich eben mal geirrt. Das ist auch nicht so schlimm. Ralf verzeiht dir bestimmt. Ich frage ihn. Laß uns wieder Freunde sein. Wenn wir wieder Freunde sind, ist wenigstens etwas so schön wie früher.
Das hatte ich mir alles ausgedacht neben Laura auf dem Stein. Wort für Wort. Aber kein einziges bekam ich raus. Sie blieben alle in mir stecken.
Und dann war Laura fort, und traurig ging ich an Mamas Hand nach Hause zurück.
»Stell dir vor, Line«, sagte Mama, »dein Leben ist wie dieser Weg. Du gehst ihn entlang und siehst links und rechts viel Schönes. Aber du kannst ihn nur einmal entlanggehen, und wenn du alles Schöne erleben möchtest, was es auf dem Weg gibt, darfst du nicht stehenbleiben, sondern mußt immer weitergehen.«
»Das ist mir egal«, schluchzte ich. »Etwas Schöneres als die Berta-Höhle kann es sowieso nie geben.«
Mama blieb stehen und küßte mich. »Mein großes Mädchen. Hast du ganz und gar den Schulanfang vergessen?«
Jawohl, das hatte ich.
»Ich will auf deinen Arm«, jammerte ich.
»Mein großes Mädchen«, sagte Mama wieder und hob mich hoch. Ich kuschelte mein Gesicht an Mamas Hals.
»Soll das etwa heißen, wir sehen Oma und Opa nie wieder?« weinte ich.

»Wie kommst du denn darauf?« Mamas Stimme klang bestürzt.
»Weil wir an Oma und Opa vorbeigegangen sind!« weinte ich. »Wir sind nach Vogelsang weitergegangen und haben Oma und Opa in Berlin stehenlassen.«
Mama stöhnte: »Bist du schwer« und stellte mich wieder auf den Weg.
»Das hat Gott sich nicht gut ausgedacht! Ich will nicht immer mein Liebstes verlicren, damit ich was neues Schönes kriegen kann.«
Ich weinte und weinte. Mama hatte sich zu mir gekauert und umarmte mich.
»Aber dafür kann Gott doch nichts«, flüsterte sie. »Das muß nicht so sein. Ich rede mit Papa.«
Ich nickte heftig. Das Weinen konnte aber nicht aufhören.
»Line! Line!« Mama sah mich besorgt an. »Es wird alles gut werden!«
»Und was ist mit Laura?« schluchzte ich.
Mama sah mich fest an. »Line«, sagte sie, »beruhige dich. Und denk einmal nach. Ob Laura deine Freundin ist oder nicht, ist ganz allein eure Sache. Wenn ihr Freunde sein wollt, könnt ihr auch Freunde sein.«
»Das stimmt nicht!« schrie ich. »Das ist gar nicht meine Sache! Das ist Papas Schuld. Nur Papas. Weil Papa arbeitslos ist. Da kann ich doch nichts machen.«
»Glaubst du wirklich, daß Papa arbeitslos ist?« fragte Mama ruhig, als ich aufgehört hatte zu schreien.
Ich schüttelte den Kopf.
»Du meinst, weil Papa kein Geld verdient?« fragte Mama und ging mit mir weiter.

Ich zuckte mit den Schultern. Um das Geld machte ich mir eigentlich keine Gedanken.
»Ja, was ist denn so schlimm an Papa?« drängte Mama.
»Weil Papa eben nichts Besonderes ist. Und weil Laura...« murmelte ich.
»Selbstverständlich ist Papa etwas Besonderes! Jeder Mensch ist das!«
Was Mama da sagte, gefiel mir sofort.
»Bin ich auch besonders?« fragte ich schnell.
»Das bist du. Und Laura und Ralf sind besonders und Oma Löbke und deine Oma – und ich auch!« Mama lachte.
Jetzt waren wir schon an unserem Zaun.
»Was schreibst du eigentlich immer auf der Maschine?« Plötzlich wollte ich das unbedingt wissen.
»Ich übersetze Bücher. Du weißt doch, daß es verschiedene Sprachen gibt«, sagte Mama.
»Du kannst verschieden sprechen?« Ich schaute Mama an. Wieso hatte ich davon noch nie was gemerkt?
»Sag mir etwas in einer anderen Sprache!« bat ich Mama abends im Bett.
»Dobrüj notsch!« flüsterte Mama und gab mir einen Kuß. »Das ist Russisch.«
»Dobrüj notsch«, wiederholte ich. »Und was heißt das?«
»Gute Nacht«, sagte Mama.
»Gute Nacht«, sagte ich.
In der Nacht betete ich: »Lieber Gott, laß bitte drei Wunder geschehen. Mach, daß Oma und Opa nach Vogelsang kommen. Mach, daß Laura wieder meine Freundin ist. Und mach, daß die Berta-Höhle für immer uns gehört. Amen.«

Am anderen Morgen sagte Papa zu mir: »Line, schnapp dir dein Fahrrad, und bring diesen Brief zum Postkasten! Ich habe Oma und Opa geschrieben und sie zu deinem Schulanfang eingeladen.«
»Hurra!« jubelte ich und hüpfte in der Küche herum. »Oma und Opa kommen! Hurra!«
Ich malte eilig ein Herz, eine Zuckertüte und ein rotes Türmchen auf den Briefumschlag. Das Herz, weil ich Oma und Opa so liebhabe, die Zuckertüte natürlich wegen des Schulanfangs und das rote Türmchen, damit Oma und Opa unser Haus sofort erkennen können.

Ich finde, der rote Turm ist für jeden das beste Zeichen, wo unser Haus steht.
Ich beeilte mich, den Brief in meinen Fahrradkorb zu stecken und hinunter ins Dorf zu radeln. Auf keinen Fall wollte ich das gelbe Postauto verpassen.
Unterwegs passierte das zweite Wunder.
Plötzlich radelte Laura neben mir her!
»Bist du wieder meine Freundin?« rief ich und trat fest in die Pedale.
»Wenn du willst!« schrie Laura und versuchte, mich zu überholen. Aber das erlaubte ich nicht! Wir keuchten und schwitzten nebeneinander, als wir versuchten, den Berg zur Eiche hinauf zu nehmen. Zum ersten Mal schafften wir es beide, ohne absteigen zu müssen. Und dann sausten wir nebeneinander den Berg hinunter, und ich ließ Laura den Tarzanschrei hören.

Mein Tarzanschrei flog über die Eiche, die Hügel, die Weiden und die Dächer von Vogelsang in den Himmel hinein, und dann holte Lauras Tarzanschrei ihn ein, und dann ließen wir unsere beiden Tarzanschreie zusammenklingen, so laut, so froh.
Die Postfrau stand unten im Dorf vor ihrem gelben Postauto und lachte und winkte uns zu.
Wir warteten, bis wir mit eigenen Augen gesehen hatten, daß sie den Brief auch wirklich in ihre Posttasche gesteckt hatte. Dann setzten wir uns wieder auf die Räder. Paul, Martin und Johann tobten draußen mit dem Fußball herum. Laura und ich fuhren einhändig, damit wir uns die andere Hand geben konnten. So sahen die Jungs gleich, daß wir wieder Freundinnen waren.
»Warum hast du eigentlich nie mit Ralf gespielt?« fragte ich Laura. Laura wußte darauf genausowenig eine Antwort wie Ralf. Obwohl sie sogar vom Rad stieg, um besser überlegen zu können.
»Vielleicht, weil meine Eltern auch nie zu Löbkes gehen«, sagte Laura nach einer Weile. »Überhaupt geht keiner aus Vogelsang zu Löbkes. Mit denen kann man gar nicht richtig zusammensein. Entweder läuft der Fernseher, oder sie müssen ins Bett. Die geh'n ja manchmal zeitiger schlafen als Karlchen!«
»Sie stehen ja auch auf, wenn wir alle noch schlafen«, sagte ich. Plötzlich konnte ich Laura alles erzählen, was ich über Ralf und Löbkes und Bauern überhaupt wußte. Und von den Billionen Arbeitslosen erzählte ich ihr auch.
Laura staunte nicht schlecht. Sie war sofort einverstanden, als ich ihr vorschlug, zu Löbkes rüberzufahren und Ralf zum Spielen zu holen. Ich glaube, weil sie so neugierig war!

10

Der Schulanfang wurde der schönste Tag in meinem ganzen bisherigen Leben. Am Abend vorher waren Oma und Opa aus Berlin angekommen.

Ihr Auto fuhr auf unseren Hof. Die Autotüren öffneten sich, und Oma und Opa stiegen aus, und kaum waren sie draußen, da war ich schon bei ihnen und drückte sie – erst Oma und dann Opa und dann wieder Oma und danach wieder Opa und immer so fort. Ich weiß gar nicht mehr, wie oft ich zwischen ihnen hin- und hergesprungen bin.

Den ganzen Abend saß ich auf Opas Schoß. Ich schlief sogar auf seinem Schoß ein. Am Morgen von meinem Schulanfang wachte ich nämlich in meinem Bett auf. Opa sagte, er hätte mich hineingetragen, aber ich hatte nichts davon gemerkt. Das kommt, weil das viele Wünschen und Warten so anstrengend ist, daß selbst ich davon einschlafe.

Mit dem Auto von Oma und Opa fuhren wir nach dem Frühstück zu meiner neuen Schule.

Schon von ferne sahen wir auf dem Schulhof eine Birke stehen. In der Birke oben hingen bunte Zuckertüten, und an der Birke unten standen viele, viele Kinder. Eine Frau in einem roten Kleid mit blonden lockigen Haaren gab jedem Kind eine Zuckertüte.

Diese Frau ist meine Lehrerin, Fräulein Sommerfeld, und die Kinder, von denen ich damals nicht ein einziges kannte, gehen alle mit mir zusammen in die erste Klasse.

Für mich pflückte Fräulein Sommerfeld auch eine Zuckertüte vom Baum. Sie war so schwer, ich konnte sie kaum tragen. Inzwischen ist sie leer und steht umgedreht auf meinem Schrank. So kann ich sie mein Leben lang ansehen und an meinen ersten Schultag in Vogelsang denken.

Am Nachmittag kamen alle Vogelsänger in unseren Garten. Die Kinder und die Erwachsenen. Familie Löbke auch! Laura, Ralf und ich hatten nämlich in jedes Haus Zirkuskarten gebracht.

An der Pforte stand Ralf und ließ sich die Karten zeigen. Wer hineinwollte, mußte Geld in einen Schuhkarton legen, soviel er geben konnte. Wir brauchten viel Geld. Mit dem Geld wollten wir Herrn Moitin unsere Berta-Höhle abkaufen.

Als alle da waren und einen Platz mit guter Aussicht gefunden hatten, begann das Zirkusprogramm. Vier Tage lang hatten wir dafür geübt!

Zuerst durfte Ralf der Dompteur sein und Laura und mich an der Leine halten. Wir waren ein silbernes und ein goldenes Zirkuspferd, galoppierten um Ralf herum, wieherten sehr echt und konnten auf zwei Beinen stehen.

Dann war ich der Dompteur, und Laura und Ralf waren meine Raubkatzen. Sie fauchten derart gefährlich, daß Karlchen zu weinen anfing.

Danach erschien Laura als Zauberer. Sie zauberte, daß der Ring von ihrem Finger verschwand, die Muschel aus ihren Haaren und die Blume aus ihrem Gürtel. Zuletzt stellte sie sich einen Salzstreuer auf den Kopf und ließ auch den verschwinden.

Sie verbeugte sich, und die Zuschauer applaudierten. Da fielen aus ihrem Jackenärmel nacheinander der Salzstreuer, die Blume, die

Muschel und zuletzt der Ring heraus. Der ganze schöne Trick war verdorben, und Laura schämte sich. Die Zuschauer klatschten aber trotzdem weiter.

Laura und ich hatten die lustigsten Verkleidungen vorbereitet. Nicht nur für uns, sondern auch für Patschke und Erna. Die beiden Hunde mußten uns die Vorderpfoten geben und auf den Hinterbeinen mit uns im Kreis tanzen.

Das Publikum klatschte begeistert, als wir uns am Ende der Vorstellung verbeugten.

Abends grillten wir Würstchen und Speck am Feuer. Wir ließen es uns schmecken und sangen alle Lieder, die wir kennen, und erst wenn uns kein neues Lied mehr einfallen würde, sollte ich ins Bett. Aber uns fielen immer wieder neue Lieder ein. Kinderlieder, Tierlieder, Schullieder, Liebeslieder und Wanderlieder, Handwerkerlieder und Bauernlieder und Arbeiterlieder, Märchenlieder, Scherzlieder, Matrosenlieder, Tränenlieder, Sommerlieder, Frühlingslieder und Herbstlieder und zuletzt die Weihnachtslieder.
Mama wollte an einem Sommerabend aber keine Weihnachtslieder singen. Papa auch nicht und nicht einmal Oma und Opa, die doch fast immer machen, was ich will.
Sonst saß keiner mehr am Feuer. Die Vogelsänger waren einer nach dem anderen in ihre Häuser heimgekehrt.
Es war dunkle Nacht. Aber je dunkler die Nacht, desto heller leuchtet das Feuer, finde ich. Ich wollte auf keinen Fall ins Haus.
»Also gut«, sagte Mama, »du darfst weiter am Feuer bleiben. Auch wenn wir nicht mehr singen.«
Papa holte mir zwei Decken. Eine legte er unter mich, und mit der anderen deckte er mich zu. Ich kuschelte meinen Kopf in Mamas Schoß und sah den Funken und Flammen zu.
»Ist das schön«, sagte ich und gähnte, aber nicht aus Müdigkeit, sondern weil es eben zu schön war.
Alle um mich herum lächelten und nickten.
Da bat ich sie, doch wenigstens STILLE NACHT, HEILIGE NACHT zu singen, denn das ist mein allerliebstes Lied. Und da sangen sie es, und ich hörte ihnen zu, und dann sah ich die Sternschnuppe über den schwarzen Himmel fliegen.
Wer eine Sternschnuppe sieht, darf sich etwas wünschen. Ich

wünschte mir ganz schnell: Laura und Ralf sollen für immer meine Freunde bleiben! Oma und Opa sollen nie mehr aus Vogelsang weggehen! Und die Berta-Höhle soll uns Kindern gehören und nicht dem doofen Herrn Moitin!

Ich wollte fest daran glauben, daß meine Wünsche in Erfüllung gehen. Glauben muß man, sonst helfen Sternschnuppen nicht. Es fühlt sich ja auch viel besser an zu glauben, daß das Wünschen hilft und alles gut wird, als an das Schlimme zu denken. Ich finde, das mit dem Glauben hat Gott schön eingerichtet.

Entweder geht eines Tages in Erfüllung, woran man geglaubt hat, und wenn es nicht in Erfüllung geht, ist man wenigstens nicht schon vorher die ganze Zeit über traurig gewesen.

In Vogelsang macht das Leben einfach mehr Spaß. Das mußte sogar meine Oma einsehen. Eigentlich wollte sie gleich nach dem Schulanfang wieder abreisen. Ihr gefiel es überhaupt nicht bei uns.

»Dieses Haus ist zu häßlich«, sagte sie.

»Das stimmt nicht!« schrie ich Oma an. »Du bist gemein!«

Ich rannte in den Garten. Dort beruhigt sich meine Wut immer am besten.

Erst am Holunder überlegte ich, was ich zu Oma gesagt hatte. Ich sah hinüber zum Haus. Tatsächlich, es gefiel mir! Ich will nie, nie mehr ein anderes Haus haben, dachte ich und fühlte mich so froh.

Gerade da kam Oma in den Garten. Unser Garten mit den vielen Bäumen, dem hohen Gras und den riesigen Maulwurfshaufen mußte ihr einfach gefallen!

Aber nein, Omas Gesicht wurde finster, und sie stöhnte: »Himmelherrgott, ist hier viel Arbeit! Unkraut jäten, ausasten, Obst ernten,

umgraben, Hecke lichten... Habt ihr überhaupt schon was getan?« Sie sah Mama vorwurfsvoll an. Mama stand lachend auf der Wiese und breitete die Arme aus.
»Aber Oma!« rief sie. »Es ist doch alles da! Wir haben von allem mehr als genug. Ohne etwas zu tun. Wir brauchen nichts dafür zu tun!«
Sie zeigte auf die Äpfel und Birnen, so viele Äpfel und Birnen gab es, daß sich die Zweige der Bäume zu uns hinabbogen.

Und ich merkte plötzlich, daß Mama in Vogelsang anders geworden war. Wie oft hatte sie sich früher auf ihrem Acker mit dem Unkraut herumgeplagt! Wie angestrengt und traurig hatte sie oft ausgesehen!

Jetzt sprang sie mitten hinein in das Grün, das an der Stelle wuchs, wo früher mal ihr Acker gewesen war.
»Schau mal, Oma!« rief sie und zog, ohne auch nur zu zucken, eine Brennessel heraus. »Das gibt einen guten Tee! Oder eine Spülung für kräftiges Haar, wie sie dir kein Friseur bieten kann in Berlin! Sogar Bouletten kann ich aus Brennesseln machen oder Spinat!«
Wirklich wahr, das kann Mama. Die Brennesselbouletten sind mein Lieblingsessen. Oma glaubte Mama nicht. Oma glaubte eher, Mama wäre verrückt geworden.
Gerade schwenkte sie eine lange, dünne Wurzel überm Kopf und schrie: »Meerrettich! Wilder! Den brauche ich nicht zu säen, nicht zu düngen, nicht zu gießen!« Und jetzt bückte sie sich und verschwand völlig in dem Unkraut, und plötzlich tönte es »Hurra«! Mama erschien wieder, drei riesige Möhren in der Hand. »Hurra! Die sind was geworden! Ohne daß ich mich um sie gekümmert habe!«
Oma war einfach nicht zu überzeugen. Nicht vom Sauerampfersalat und nicht vom Buttergemüse aus Löwenzahnknospen. Nichts zu machen.
»Ihr seid der ganzen Arbeit hier überhaupt nicht gewachsen«, schimpfte sie. »Ich hab euch gesagt, zieht nicht um, bleibt in Berlin! Aber auf mich hört ja keiner.«
Oma wollte nicht länger bei uns bleiben, nein, sie konnte es nicht, denn meine Oma erträgt es nicht, wenn sie dauernd so viel unerledigte Arbeit vor Augen hat, dabei kann sie sich einfach nicht wohl fühlen.
Sagte Oma. Sie sagte, daß sei immer so bei ihr gewesen, ihr ganzes Leben lang. Sie hätte immer gearbeitet, solange sie irgendeine

Arbeit sah, und sich erst eine Pause gegönnt, wenn alles fix und fertig war.
Mama zog die Augenbrauen hoch, wie sie es immer tut, wenn sie nicht das gleiche denkt wie der, der gerade spricht, aber auch nichts dagegen sagen mag.
Opa senkte den Kopf. Er wollte so gern bleiben. Opa jedenfalls war von Vogelsang begeistert.
Oma beschloß, meiner Mama noch drei Tage unter die Arme zu greifen. Damit meinte sie, daß sie Mama in Haus und Garten helfen wollte.
Kaum hatte sie uns das gesagt, passierte eine von den typischen Vogelsang-Überraschungen, und die Sternschnuppe erfüllte meinen Wunsch.
»Autsch!« schrie Oma und fiel der Länge nach hin. Sie war auf einer reifen, matschigen Birne ausgerutscht.
Endlich konnte ihr mal unter die Arme gegriffen und geholfen werden, nämlich von Mama und mir.
Papa und Opa kamen gelaufen. Sie fuhren Oma gleich in die Stadt zu Doktor Malinka.
Oma hatte sich ein Bein gebrochen. Nein, das hatte ich mir natürlich nicht von der Sternschnuppe gewünscht! Ich wollte nur, daß Oma und Opa nicht abreisen. Manchmal erfüllen sich unsere Wünsche eben anders, als wir es uns vorgestellt haben.
Das sagte ich Oma, und Oma lächelte. Sie hatte Doktor Malinka sofort genauso gern wie ich. Sie nannte ihn einen »feinen Mann« und war überzeugt, daß kein Arzt sonst ihr Bein wieder gesund machen könnte.
Ich stimmte ihr zu und versetzte der Hängematte einen leichten

Stoß, so daß meine Oma sanft hin- und hergeschaukelt wurde.
Sie rekelte sich wohlig, faltete die Hände auf dem Bauch und blinzelte in die Bäume hinauf. Die Äpfel und Birnen hingen ihr direkt in den Mund hinein, sie brauchte nur zuzubeißen.
Die Sonne färbte die Blätter gelb und rot, und auch Omas Wangen wurden rot. Sie sah so zufrieden aus, obwohl sie inmitten der vielen Arbeit in der Hängematte lag. Es machte ihr zum ersten Mal in ihrem ganzen Leben überhaupt nichts aus.
Opa freute sich, weil Oma nicht hin und her sprang und er sie sich in Ruhe anschauen konnte. Er sagte dauernd, er hätte doch großes Glück mit seiner Frau.
Jeden Morgen humpelte Oma, gestützt von Opa, hinter mir her zur Haustür. Ich setzte mir den Ranzen auf und öffnete die Tür. Oma streckte den Kopf heraus.
»Eine herrliche Stille ist das«, sagte sie und lächelte Opa an.
»Das ist wahr«, sagte Opa und lächelte Oma an – ich fand, irgendwie richtig verliebt.
Ich schwang mich aufs Rad, und mein Tarzanschrei flog durch die Luft. Jeden Morgen ist mein Tarzanschrei der erste herrliche Lärm, den Vogelsang hört.
Der zweite herrliche Lärm ist das Bellen von Patschke, wenn ich den Berg runtersause und er mir aufgeregt hinterherrennt.
Der dritte herrliche Lärm ist das Rufen und Lachen der Kinder, die an der Bushaltestelle auf den Schulbus warten. Ralf ist immer vor mir da. Er nimmt mir den Ranzen ab und stellt ihn ins Wartehaus.
Der vierte herrliche Lärm ist, wenn Laura mit Saschko und Erna angesaust kommt und mich schon von weitem mit ihrem Tarzan-

schrei begrüßt. Laura und Saschko sind immer die letzten. Manchmal kommen sie erst, wenn wir anderen Kinder längst in den Bus eingestiegen sind, und manchmal verpassen sie sogar den Bus. Laura sagt, Saschko ist schuld, weil er zu spät aufsteht, und Saschko sagt, Laura ist schuld, weil sie sich zu langsam anzieht oder irgend etwas verbummelt hat: einen Schuh oder die Mütze oder den Schülerausweis oder den Ranzen.

Ich bin jedesmal froh, wenn ich Lauras Tarzanschrei höre und sie den Bus nicht verpaßt hat. Dann sitzen wir am Fenster und winken unseren Hunden zu. Patschke und Erna werden kleiner und kleiner, bis sie schließlich verschwunden sind.

Der Bus fährt durch die Lindenallee, dann auf die große Straße, vorbei an der alten Windmühle, an Feldern und Viehweiden. Er hält nacheinander in drei Dörfern. Überall steigen Kinder ein. Die letzten tun mir leid, denn sie kriegen nie einen Sitzplatz in unserem Bus, er ist proppenvoll.

Nun fährt der Bus in den tiefen Wald hinein. Wenn der Wald zu Ende ist, geht es in die Stadt.

In der Stadt gibt es außer Doktor Malinka noch die Kirche, den Supermarkt, die Post und die Schule.

In die Schule gehe ich ja nun jeden Tag. Die Schule gefällt mir einigermaßen. Was mir aber überhaupt nicht gefällt, sind die Hausaufgaben. Seit ich in die Schule gehe, sind die Tage in Vogelsang kürzer und kürzer geworden.

Papa behauptet, daß jedes Jahr im Herbst die Tage kürzer werden, aber ich finde, die Schule ist daran schuld. Seit ich in die Schule gehe, habe ich kaum noch Zeit für all die anderen wichtigen Sachen in Vogelsang.

Anfangs hoffte ich noch, es könnte wieder besser werden, so wie früher, aber Laura warnte mich, ich solle das bloß nicht glauben. Es würde eher schlimmer werden. Sie hat leider recht behalten. Sie geht ja auch schon in die zweite Klasse.
Eines Morgens beschloß ich, nicht in die Schule zu gehen und mich statt dessen um Vogelsang zu kümmern.
Aber Mama und Papa waren nicht einverstanden. Sogar Oma und Opa bestanden darauf, daß ich in die Schule muß, auch wenn ich nicht will.
Wenn ich das gewußt hätte, hätte ich mich nicht so auf die Schule gefreut. Aber das nützt nun auch nichts mehr. Gefreut ist gefreut.
Das einzige, was mir an der Schule eigentlich immer gefällt, ist unser Schulweg. Es ist beinahe so, als ob wir im Tierpark spazierengehen. Bei uns stehen die Tiere nämlich einfach auf dem Weg herum und lassen sich anschauen: Kraniche, Reiher, Störche, Rehe und Hasen, Füchse, Bussarde und Habichte, Wiesel, Schlangen, Eidechsen, Maulwürfe und Käfer und...
Ich kenne gar nicht die Namen von all den Tieren, und ich habe noch gar nicht alle in Ruhe ansehen können. Zum Beispiel Ameisen. Die sind so winzig klein. Oder einen Elch oder einen Wolf oder einen Bären. Es würde mich nicht wundern, wenn die eines Tages auch auf unserem Weg herumstehen. Vielleicht müßte ich Patschke dann auf den Arm nehmen, weil er Angst hätte. Ich dagegen nicht.
Patschke und Erna tappeln gemeinsam den ganzen Vormittag unseren Berg hoch und runter, wieder hoch und wieder runter. Sie wollen Laura und mich auf keinen Fall verpassen! Kaum haben sie uns entdeckt, springen sie uns entgegen, wedeln mit den Schwänzen

und versuchen, unsere Gesichter abzulecken, was sie nicht sollen und was trotzdem so lieb ist...
Und in der Tür von unserem Haus stehen Oma und Opa, als wären sie am Morgen gar nicht erst wieder reingegangen, und warten schon auf mich.
Opa versteht sich gut mit allen Vogelsängern, aber am liebsten besucht er Oma Löbke. Als Löbkes das braune Fohlen hatten, ging er fast jeden Tag hin.
Ralfs Oma und mein Opa standen oft am Gatter und lobten das Fohlen.
»Hietscherchen«, riefen und lockten sie es, »Hietscherchen, Hietscherchen!«
»Opa«, fragte ich, »wie ist dir dieser hübsche Name eingefallen? So heißt kein Pferd sonst hier.«
»Bei uns zu Hause hießen alle Fohlen so: Hietscherchen«, antwortete Opa.
Ich wunderte mich, denn ich hatte in Berlin noch nie ein Fohlen gesehen oder diesen Namen gehört.
Nicht lange, und ich sollte mich schon wieder wundern.
Opa holte den Spiegel vom Kirschbaum runter, weil die Herbststürme und der Herbstregen kamen. Außerdem, meinte Opa, könne man etwas viel Besseres gegen Stare tun.
Er nahm mich mit in den Stall, wo Papa seine Werkbank und das Werkzeug hat, suchte sich einige Bretter aus, sägte und hämmerte.
Ich sah Opa zu. Bald hatte er etwas wie eine kleine Kiste gebaut.
Vorn hatte die Kiste ein rundes Loch.
»Was soll das werden?« fragte ich Opa, als er der Kiste genauso ein Teerpappedach aufsetzte, wie unser Haus es hat.

»Ein Starenkasten«, erklärte Opa und daß der Star im Frühling auf der kleinen Stange vor dem Flugloch sitzen und uns etwas vorzwitschern würde.
»Sollen die Stare auch noch ein Häuschen von uns bekommen, obwohl sie uns alle Kirschen wegfressen?« rief ich.
»Jawohl!« sagte Opa. »Ein Starmatz wird in den Starenkasten einziehen. Seine Frau wird Eier legen und brüten. Der Star aber wird euren Kirschbaum bewachen und alle anderen Stare vertreiben.«
»Opa, woher weißt du das alles?« fragte ich. »Du bist doch nie vorher in Vogelsang gewesen.«
Denn damals meinte ich, nur wer in Vogelsang wohnt, kann sich mit Kirschbäumen und Staren und all diesen Sachen auskennen.
Ich kletterte im Kirschbaum herum, während Opa den Starenkasten an einem Ast befestigte.
»Schön ist es bei euch«, sagte er zufrieden, als er mit dieser Arbeit fertig war und die Leiter runterstieg, »so schön wie bei uns zu Hause.«
»Also das finde ich nicht!« rief ich. »Berlin ist lange nicht so schön wie Vogelsang.«
Opa breitete sein Taschentuch unterm Kirschbaum aus, setzte sich darauf und lehnte sich mit dem Rücken gegen den Stamm.
»Stimmt. Berlin meine ich auch nicht. Ich rede von Nimmersatt.«
Nimmersatt – das klang interessant. Schnell setzte ich mich neben ihn.
Opa erzählte mir von einem Dorf, das Nimmersatt hieß und genau wie unser Dorf nicht weit vom Meer lag. In Nimmersatt hat es solche Kirschbäume gegeben wie bei uns in Vogelsang. Und solche schwarzweißen Kühe, Gärten, Hecken und einen Holunderbaum.

In Nimmersatt ist Opa, als er noch ein Junge war, auf Bäume geklettert und über Weidezäune gesprungen. Er hat Ritter gespielt und im See gebadet. In Nimmersatt hießen alle Fohlen Hietscherchen, und Opa hat gelernt, wie man mit Starenkästen etwas gegen zu viele Stare tut.
Ich kann mir Opa gar nicht als Jungen vorstellen und wie er das alles so gemacht hat. Vielleicht, wenn ich früher geboren worden

wäre, hätte ich mit meinem Opa zusammen gespielt. Wir wären alle beide Kinder gewesen und Freunde. Mit Opa hätte ich mich bestimmt nie gestritten.

»Wollen wir nicht zusammen nach Nimmersatt fahren und es uns ansehen?« fragte ich. »Dann kannst du mir alles zeigen, wie ich dir Vogelsang gezeigt habe.«

Aber Opa sagte, das sei nicht möglich.

»Wieso nicht?« fragte ich. »Gibt es denn keine Straße, die nach Nimmersatt führt? Oder einen Zug?«

»Als ich ein Kind war, gab es sogar zwei weiße Ostseedampfer, die übers Meer nach Nimmersatt fuhren. Aber die beiden Dampfer liegen auf dem Grund des Meeres. Und auch Nimmersatt, so wie ich es gekannt habe, gibt es nicht mehr.«

Was Opa erzählte, klang wie ein Märchen.

»Ist Nimmersatt verzaubert worden?« fragte ich. »Wie das Dornröschenschloß? Von einer bösen Fee? Oder einem Zauberer?«

Opa schüttelte den Kopf. »Nein, das war kein böser Zauberer, das war der Krieg.«

Ich wußte ja, daß mein Opa den Krieg erlebt hatte. Aber er erzählte nie davon. Weil Krieg etwas zu Schreckliches ist. Und ich möchte auch gar nichts Schreckliches hören.

»Ich war noch gar nicht richtig erwachsen«, sagte Opa jetzt. »Trotzdem mußte ich eine Uniform anziehen und aus Nimmersatt weggehen. Das fiel mir sehr schwer. Nimmersatt war wunderschön. Es gab tiefe Wälder dort und Pilze und Beeren, so viele habe ich nie wieder im Leben gefunden.«

»Hast du in Nimmersatt Elche gesehen?« fragte ich. »Weißt du, diese großen Tiere, die noch größer als Hirsche sind?«

Opa nickte. »Elche, Wölfe und Bären auch. Hinter Nimmersatt begann ein anderes Land. Dieses Land ist viel größer als Deutschland und heißt Rußland. Aus Rußland sind die Elche, Wölfe und Bären hin und wieder über die Grenze gezogen und in die Wälder von Nimmersatt spaziert. Sie wollten mal etwas Neues erleben. Für Tiere gelten Grenzen nicht«, sagte Opa. »Menschen dürfen nicht einfach hinüber und herüber, wie sie Lust haben. Menschen müssen sich an die Grenze halten, sonst geht es ihnen schlecht.«
»Wie konnten denn die Tiere über die Mauer kommen?« fragte ich.
»So eine Mauer wie in Berlin war die Grenze nicht«, sagte Opa. »Es gab nur Grenzbäume und Grenzsteine und Soldaten, die die Grenze bewachten.«
»Bist du denn einmal über die Grenze nach Rußland gegangen?« fragte ich.
Er nickte wieder. Und er sagte: »Als Kind war ich nie in Rußland drüben, aber im Krieg. Ich bin in Rußland in Gefangenschaft gewesen.«
Das war aufregender als ein Märchen, was Opa erzählte. Das war wie ein Märchen, aber wirklich wahr! Opa war gefangengenommen worden! Wie herrlich!
»Weiter! Erzähl weiter!« bettelte ich.
Opa hatte aber keine Lust weiterzuerzählen.
»Oooch, Opa, das ist gemein«, nörgelte ich.
Opa widersprach nicht. Er war plötzlich ganz still. Ich sah ihn an. Sein Gesicht war ernst und traurig.
Ich kann es nicht leiden, wenn Erwachsene so gucken. Das heißt immer, daß sie an was Schlimmes denken. Und noch viel schreck-

licher finde ich es, wenn sie dann nicht mal was sagen. Sie sagen nichts und gucken nur so. Das kann ich nicht aushalten.
»Stimmt's Opa, du denkst an was Schlimmes«, sagte ich leise.
Opa rührte sich nicht.
»Du kannst es mir ruhig sagen«, sagte ich und kuschelte mich in Opas Arm.
»Ich denke an den Krieg«, sagte Opa.
»Opa«, fragte ich, »hast du geschossen?«
Plötzlich war mir diese Frage rausgerutscht. Ich weiß noch, daß ich Mama und Papa danach gefragt hatte und daß Sie es auch nicht wußten – aber keiner von uns hatte gewagt, Opa zu fragen. Bis eben jetzt.
Und Opa antwortete: »Ja. Das habe ich.«
Ich blieb ganz still neben Opa sitzen. Erst saß ich still, weil ich so erschrocken war. Dann saß ich still, weil ich nicht glauben konnte, was Opa gesagt hatte.
Dann saß ich still, weil ich mir vorzustellen versuchte, wie Opa mit einem Gewehr in der Hand aussah und auf wen er geschossen haben mochte. Aber ich konnte es mir nicht vorstellen.
»Opa ...« sagte ich leise.
»Ja, mein Kind«, sagte Opa.
»Das glaube ich nicht. Nein, Opa, so was machst du doch nicht.«
»Mein Kind«, sagte Opa, »ich wünschte, ich hätte es nicht getan.«
Und dann schwieg er wieder.
»Hast du denn die Mauer gewollt?« fragte ich.
»Nein«, sagte er, »an der Mauer in Berlin habe ich nicht geschossen. Dafür danke ich meinem Herrgott noch heute. Aber im Krieg. Im Krieg habe ich geschossen. Darum war ich in Rußland in Gefan-

genschaft. Rußland hat in dem Krieg gesiegt, den wir Deutschen angefangen haben, und hat Nimmersatt bekommen. Nimmersatt heißt heute anders, es sieht dort sicher auch anders aus. Es wird anders gelebt, anders gefeiert, anders gesprochen. Wahrscheinlich würde ich es nicht wiedererkennen.«

»Aber wir könnten doch trotzdem hinfahren! Bist du denn gar nicht neugierig, wie anders dein Nimmersatt geworden ist?« fragte ich.

»Nein«, sagte Opa, »ich werde Nimmersatt nie mehr besuchen. Ich habe meine Heimat verloren. Auch Oma Löbke hat ihre Heimat verloren. Im selben Krieg.«

Opa erklärte mir, was eine Heimat ist. Die Heimat ist das Zuhause, aber eben nicht nur das Zuhause in einem Haus oder in einer Wohnung drin, sondern die Nachbarn und Freunde dazu, die Gärten, in denen man spielt, der Teich, in dem man badet oder angelt, die Feste, die man feiert, eben all das, was ich in Vogelsang habe.

»Vogelsang ist deine Heimat, Line«, sagte Opa, »weil du dich nirgends sonst so wohl fühlst.«

Ich möchte Vogelsang nie verlieren. Ich hoffe nur, es kommt kein Krieg. Opa sagte, im Krieg ist es sehr leicht, alles zu verlieren, und sehr schwer, nicht zu schießen. Dazu konnte ich nun nichts sagen, denn ich habe ja noch nie einen Krieg erlebt.

Ich war traurig. Opa war noch trauriger als ich. Das merkte ich.

»Opa«, sagte ich, »es ist doch gut, daß du in Rußland gefangen warst. Als Gefangener konntest du wenigstens nicht schießen. Ich finde es jedenfalls besser, gefangen zu werden. Schießen ist was Schlimmeres.«

Opa schwieg.

»Nicht wahr, Opa?« fragte ich.
»Ja«, sagte Opa, »das ist die Wahrheit.«
Gerade da rief Mama uns zum Abendbrot. Opa und ich gingen miteinander ins Haus.
Wie jeden Abend kam Opa an mein Bett, um mir einen Gutenachtkuß zu geben. Ich umarmte ihn.
»Weiß Papa, daß du im Krieg geschossen hast?« flüsterte ich.
»Ja«, flüsterte Opa zurück.
»Du mußt ihm auch sagen, daß du an der Mauer nicht geschossen hast«, bat ich. »Sonst weiß Papa nicht, daß du dich geändert hast.«
Opa saß auf meiner Bettkante und schwieg. Ich konnte sein Gesicht nicht sehen. Er hatte es weggedreht.
»Hab keine Angst, Opa«, flüsterte ich. »Papa hat dich doch lieb.«
Opa strich mir über die Stirn. Opas Hand fühle ich gern, weil sie so warm und trocken ist.
Er löschte das Mondgesicht in meinem Zimmer und ging hinaus.
Ich drehte mich auf die Seite und legte meine Hand auf Patschkes Fell. Zum ersten Mal hatte ich Angst, Vogelsang könnte mir eines Tages vom Krieg weggenommen werden.
Aber ich will nicht an was Schlimmes denken. Lieber dachte ich schnell an die Elche, Bären und Wölfe, die mein Opa gesehen hatte. Weil mein Opa sie in Nimmersatt gesehen hat, weiß ich, daß sie eines Tages auch in Vogelsang auftauchen werden. Tiere kennen keine Grenzen, und Tiere haben für weite Wege viel Zeit, denn sie müssen nie in die Schule. Eines Tages, wenn ich aus der Schule komme, werden auf unserem Weg ein Elch, ein Bär und ein Wolf stehen und mich erwarten. Und ich kann sie mir in aller Ruhe ansehen.

Patschke schnarchte leise. Patschke schnarcht immer, wenn er fest eingeschlafen ist.
Meine Angst war zum Glück vergangen, aber ich schlief trotzdem nicht. In dieser Nacht schlief ich nicht, weil ich meinen Opa so sehr liebhabe.

11

Es gibt Leute, die finden, daß der Monat November grau und langweilig ist. Das sind Leute, die nicht in Vogelsang wohnen.
Mein erster Monat November in Vogelsang war der aufregendste Monat November in meinem ganzen bisherigen Leben.
Es begann mit dem merkwürdigen Wagen. Eines Tages, als Ralf, Laura und ich mit unseren Rädern vom Schulbus kamen, tuckerte er vor uns her. Er sah aus wie ein Zirkuswagen, nur ohne die bunte Zirkusbemalung. Der Wagen schaukelte auf dem holprigen Weg, wurde langsamer und schwenkte zur Berta-Höhle ein.
Unsere Fahrräder fielen in die Wiese am Wegrand, die Schulmappen plumpsten hinterher. Wir schlichen in unser Versteck unterm Fliederbusch. Gespannt beobachteten wir, wie der Wagen die Hekke zerteilte. Er holperte über Steine. Es krachte und quietschte. Der Wagen stand. Schief stand er da zwischen den Steinen vom Haus der Schönen Berta.
Wir hielten den Atem an. Die Tür des Wagens ging auf. Mit dem Rücken zu uns ließ ein Mann das Treppchen runter und stieg aus. Jetzt konnten wir auch sein Gesicht erkennen. Leider war er kein Löwenbändiger, kein Akrobat und auch kein Clown. Der Mann war Herr Moitin.
Wir sprangen auf unsere Räder und rasten zu mir nach Hause.

Schon am Zaun schrien wir, so laut wir konnten: »Herr Moitin ist in der Berta-Höhle eingezogen! Das ist gemein! Doofer Herr Moitin!«
Aber niemand hörte uns. Opa und Oma standen nicht wie sonst in der Tür, um mich nach der Schule zu empfangen. Seltsam. Wir stürzten ins Haus und stolperten – Schuhe über Schuhe, Stiefel und Pantinen. Um den Tisch in unserer Küche waren beinahe alle Vogelsänger versammelt.
Zuerst verstanden wir nicht, wovon sie sprachen. Dann hörten wir immer öfter das eine Wort: Chemiewerk.
»Was ist das, Schimmieweg?« fragte Laura.
»Na, eine große Fabrik ist das«, flüsterte Ralf. Er flüsterte, weil er sich zwischen den vielen Erwachsenen als einziger von der Löbke-Familie etwas fürchtete.
Laura zuckte mit den Achseln. »Und weiter?«
»Na, Schimmiewege explodieren«, erklärte Ralf mit wichtiger

Miene. »Die explodieren andauernd. Jeden Abend kannste die im Fernseh'n explodieren seh'n!«

Laura riß die Augen auf. Vielleicht bedauerte sie nun doch, daß sie nie fernsehen durfte.

»So 'ne Qualmwolken haste noch nie gesehn! Die Kinder dürfen nicht mehr raus zum Spielen, weil überall die Schimmie ist, überall, wo du hinguckst und hinfaßt, ist Schimmie drauf, sogar auf den Autos und aufm Gras. Wenn eine Kuh das Gras frißt, fällt die tot um, hat mein Papa gesagt. Das ist Schimmie.«

Laura und ich sahen uns an.

»Du spinnst«, sagte ich zu Ralf.

»Weil du zuviel fernsiehst«, sagte Laura.

Gerade da schlug Papa mit der Faust auf den Tisch. Noch nie habe ich Papa die Faust auf den Tisch schlagen seh'n!

»Und wenn das Ganze explodiert«, sagte er.

»Stimmt das wirklich?« riefen Laura und ich wie aus einem Mund.

Endlich merkten die Erwachsenen, daß wir auch da waren. Sie sahen uns an.

»Ohne die Chemie können wir nicht mehr leben«, sagte Lauras Mama. »Ohne Autos, ohne Farben, ohne Klebstoff, ohne Bücher und Zeitungen, ohne Fernseher.«

»Typisch Mama! Ich muß ja auch ohne Fernseher leben«, sagte Laura, allerdings leise, damit es Magda nicht hörte.

Aber Magda hatte sich derart in Fahrt geredet, daß sie sowieso nichts außer ihrer eigenen Stimme hörte.

Sie hörte auch nicht, wie mein Papa fragte: »Brauchen wir wirklich das alles? Ist das alles unbedingt nötig zum Leben? Für diesen Preis?«

Magda redete einfach weiter, ohne Papa zu beachten.
Sie stand auf und fuchtelte mit dem Zeigefinger in der Luft herum, als wolle sie jede Widerrede aufspießen.
»Du freust dich doch auch über deinen neuen Plastik-Kipper, Ralf, nicht wahr. Ich hab dich oft mit ihm auf dem Weg gesehen. Er ist wirklich super! Auf den möchtest du doch nicht verzichten?«
Ralf wurde knallrot, weil er vor den vielen Leute was gefragt worden war. Ich konnte richtig sehen, wie er seinen ganzen Mut zusammennahm.
»Na, die Schimmie ist überall«, sagte er. »Sogar in der Luft. Die mußte mit dem Lufthol'n in dich reinzieh'n, ob du willst oder nicht.«
»Darum sind wir aus Berlin weggezogen«, sagte Mama. »Wir dachten, wir sind dem ganzen Dreck entkommen, und jetzt holt er uns doch wieder ein.« Sie seufzte.
Meine arme Mama, dachte ich und ging zu ihr und streichelte sie. Damit kann ich sie gut trösten.
»Soll das Chemiewerk etwa in der Berta-Höhle gebaut werden?« fragte ich.
Alle sahen mich verwundert an.
»Gehört die Chemie Herrn Moitin?«
Die Erwachsenen verstanden gar nichts mehr.
»Herr Moitin ist in der Berta-Höhle eingezogen«, erzählte ich. »Mit einem nichtbemalten Zirkuswagen.«
Endlich sagte Papa, daß Herr Moitin mit dem Chemiewerk nichts zu tun habe und daß es nicht in der Berta-Höhle gebaut werden sollte.
»Eben!« rief Theo. »Darum verstehe ich deine Aufregung nicht. Das sind immerhin acht Kilometer!«

»Was sind acht Kilometer?« fragte Laura ihren Papa.
»Von uns bis Neuhausen! Das Chemiewerk soll in Neuhausen gebaut werden.«
Ich freute mich. Neuhausen ist ziemlich weit von Vogelsang entfernt. Es ist das letzte Dorf, in dem der Schulbus hält, bevor er in den Wald taucht.
Aber dann dachte ich an die Kinder aus Neuhausen, die noch niemals einen Sitzplatz im Schulbus abbekommen haben und nur am allerkürzesten Bus fahren dürfen. Sollten die jetzt auch noch das Chemiewerk abbekommen? Das war gemein!
Papa dachte wie ich. Und er erinnerte Lauras Papa an die Kinder von Neuhausen. So oft hatte er mit seinen Puppen für sie gespielt! Ostern, Nikolaus, Schulanfang, Kindertag und Fischerfest und Reiterwettbewerb. Theo kennt jedes Kind von Neuhausen. Bestimmt.
Jetzt stieß er seinen Stuhl mit lautem Krach hinter sich gegen die Wand.
»Wenn du schon von den Kindern redest«, schimpfte er mit Papa, »dann hören wir hier besser auf. Die Kinder geht das gar nichts an. Du machst ihnen nur angst!«
Er nahm Laura, so groß sie war, auf den Arm und ging.
Magda sagte »Tschüs« mit spitzen Lippen und ging auch.
Der dicke Roland klopfte Papa auf die Schulter. »Mach dir nicht solche Sorgen«, sagte er. »Bestimmt wird alles halb so schlimm!«
Er faßte Ralf an der Hand und nahm ihn mit.
»Neuhausen ist nicht unser Dorf«, sagte die Töpferin. »Wir dürfen uns nicht einmischen.«
Sie ging auch. Die Korbmacher fragten Mama und Papa in der Tür, ob sie nicht bei ihnen im Haus ein Bier trinken wollten, wenn sie

mich ins Bett gebracht hätten. Aber sie wollten nicht.
Plötzlich waren alle fort. Papa stand still da. Eben hatte er noch so viel und so aufgeregt geredet, wie ich es nie in meinem ganzen bisherigen Leben von ihm gehört hatte. Aber es war wohl umsonst gewesen, wie es aussah.

»Mein Papa sagt, dein Papa soll nicht alles glauben, was die Schlechtes über die Chemie im Fernseh'n zeigen«, sagte Laura zu mir, als wir am nächsten Tag von der Schule kamen. Dabei wußte sie genau, daß wir gar keinen Fernseher haben.
Ich war wütend.
»Mein Papa weiß viel mehr als deiner«, sagte ich.
»Gar nicht!« schrie Laura und fuhr mit dem Fahrrad davon.
»Aber doch!« rief ich ihr hinterher.
Papa saß an Mamas Arbeitstisch, blätterte in Büchern und tippte auf der Schreibmaschine. Mama hatte mir verboten, ihn zu stören. Ich störte ihn aber trotzdem. »Weißt du, was Laura gesagt hat!« rief ich und wollte es ihm gleich erzählen.
Papa hob den Kopf vom Buch.
»Papa, was hast du denn?« fragte ich. »Bist du traurig?«
Papa zog mich an sich.
»Du brauchst nicht alles glauben, was Schlechtes von der Chemie erzählt wird«, sagte ich.
Ich wollte Papa trösten, und da war mir plötzlich dieser Satz von Laura eingefallen, der mich gerade noch wütend gemacht hatte.
»Das tu ich auch nicht«, sagte Papa. »Ich will was lernen über Chemiewerke, darum sitze ich hier. Aber es ist zu kompliziert.«
Da war es wieder, das Wort KOMPLIZIERT, das ich nicht leiden

kann, weil es kein bißchen hilft, wenn etwas schwierig oder traurig ist – mir jedenfalls nicht.

Wir schwiegen beide – Papa und ich. Die Bäume draußen vorm Fenster hatten fast keine Blätter mehr. Und weil es so still im Zimmer war, hörte ich etwas, das ich vorher noch nie gehört hatte – ein Geräusch oder eine Musik.

»Hörst du«, sagte Papa gerade da, »was der Wind für ein wunderbarer Musikant ist? Die Zweige sind seine Instrumente. Und auf jedem Baum spielt er ein anderes Lied.«

Plötzlich lächelte Papa wieder, und ich erkannte endlich, daß Papa sich tatsächlich wundern kann ohne Gott.

»Was willst du denn nun gegen das Chemiewerk machen?« fragte ich ihn.

Papa überlegte.

»Daß mir das nicht eher eingefallen ist!« rief er. »Ich habe doch einen Freund, der sich auskennt! In Hamburg. Gleich morgen fahre ich hin.«

Ausgerechnet in das Hamburg von dem doofen Herrn Moitin. Nee, nach Hamburg würde ich nie wollen. Dachte ich.

Aber als Papa nach fünf Tagen zurückkam, dachte ich das nicht mehr. Aus Hamburg brachte Papa nämlich das Wort BÜRGERINITIATIVE mit.

Damals wußte ich noch nicht, was das Wort bedeutet. Und jetzt ist es eins von meinen wichtigsten und schönsten Wörtern überhaupt. Es ist ganz anders als dieses Wort KOMPLIZIERT. Das Wort BÜRGERINITIATIVE kann einem sehr helfen, wenn man es erst mal kennt.

»Ich rufe alle zusammen, die das Chemiewerk nicht haben wol-

len«, sagte Papa. »Ein einzelner kann nichts gegen die mächtigen Herren tun, die das Werk bei uns bauen wollen. Aber auf viele Stimmen müssen sie hören, ob sie wollen oder nicht.«
»Gott sei Dank«, flüsterte Mama.
Papa schwenkte vergnügt die Aktentasche durch die Luft und setzte sich sofort wieder an die Schreibmaschine.
»Junge, willst du nicht erst zu Abend essen?« rief Oma ihm nach.
»Keine Zeit!« rief Papa zurück, und schon klapperten die Tasten der Schreibmaschine los. Es klang richtig unternehmungslustig!

BÜRGERINITIATIVE ist ein Zauberwort. Kaum ist es ausgesprochen, passieren ganz schnell viele herrliche Aufregungen. So habe ich es jedenfalls hier bei uns in Vogelsang erlebt.
Eines Tages fragte mich Papa, ob ich zum ersten Treffen der Bürgerinitiative mitkommen wolle. Klar wollte ich das!
Wir fuhren in meine Schule, obwohl bald Abend war. In den Bänken von meinem Klassenzimmer saßen keine Kinder, sondern Erwachsene.
»Ist Bürgerinitiative denn eine Schulstunde?« fragte ich Papa.
»Das auch«, sagte er. »Ich habe in Hamburg das Wichtigste über dieses Chemiewerk gelernt. Das möchten die Leute natürlich auch wissen.«
Er schob mich auf den letzten freien Platz. Neben mir saß eine uralte Frau. Sie war so alt, daß sie dauernd mit dem Kopf wackeln mußte. Trotzdem wollte sie noch etwas lernen und legte ihre faltige Hand mit den braunen Flecken hinter das eine Ohr, um Papas Stimme hören zu können.
Papa erzählte uns, daß dieses Chemiewerk eine neue Erfindung war, die in Neuhausen ausprobiert werden sollte. Damit waren die Leute nicht einverstanden. Wenn nun etwas schiefginge? Außerdem konnte sich keiner vorstellen, wie die ganze Chemie zu dem Werk nach Neuhausen gebracht werden sollte.
In riesigen Tanklastern, war Papa gesagt worden. Aber wo sollten die denn entlangfahren? Auf unseren holprigen Dorfwegen und engen Straßen? Die Herren vom Chemiewerk hatten neue Straßen versprochen. Aber wenn ein Unfall passierte? Vielleicht rennt ein Kind seinem Freund über die Straße nach, und der Tanklaster muß heftig bremsen und kommt ins Schleudern und kippt um! Mitten

im Dorf! Bei uns spielen ja alle Kinder auf der Straße. Die Hunde laufen frei herum, erst recht die Katzen und manchmal auch ein Schaf oder ein Schwein. Und wenn ein Pferd durchgeht? Und die Rehe, Störche, Kraniche und Eidechsen – die sind Tanklaster kein bißchen gewöhnt. Die sind gewöhnt, daß wir mit dem Fahrrad kommen, oder wenn ein Auto kommt, bleibt es stehen, bis die Tiere beiseite gehen.

Und was wird aus meinem Elch, dem Wolf und dem Bären? Sollen sie extra aus Rußland nach Vogelsang wandern, um von der Chemie vergiftet zu werden? Nein, das wollte ich nicht.

Und die Erwachsenen in den Schulbänken wollten es auch nicht. Sie schimpften, weil sie bei so einer wichtigen Sache nicht mal gefragt worden waren. Jetzt beschlossen sie, ihre Dörfer, Wiesen, Wälder und Tiere zu retten und den Herren vom Chemiewerk nicht zu erlauben, in Neuhausen einzuziehen.

Als Papa und ich nach Hause fuhren, waren wir so froh, daß wir ein Lied nach dem anderen sangen. Und wir sangen lauter und lauter, so, als ob wir sehr viele wären. Die ganze Welt sollte hören, daß wir nicht mehr allein waren.

Kaum aber lag ich im Bett, begannen Oma und Opa mit Papa in der Küche nebenan zu streiten. Ich stand auf und lauschte an der Tür.

»Hier in Vogelsang findet jedenfalls niemand gut, daß du dich einmischst«, sagte Oma gerade. »Du verzankst dich noch mit den paar Leuten, die hier wohnen. Ihr braucht sie doch!«

Opa sagte etwas über Ruhe und Frieden und ob Papa sich nicht allmählich Ruhe und Frieden wünschen würde. Was Papa antwortete, verstand ich nicht.

Dann rief Oma: »Du stürzt uns alle ins Unglück!« Und dann weinte sie.
Es wurde still im Haus.
Ich fror und schlich in mein Bett zurück. In dieser Nacht schlief ich nicht, weil ich keinesfalls vergessen durfte, gleich morgens, noch vor der Schule, Oma etwas Liebes zu sagen. Das habe ich dann auch getan.
Als ich aus der Schule zurückkam, zog Opa gerade im Flur die Joppe an, wickelte sich einen Schal um den Hals und setzte sich die Schiebermütze auf.
»Opa, ich will mit!« rief ich.
Aber zum ersten Mal wollte Opa mich nicht mitnehmen. Er sagte, er müßte mit sich allein sein.
»Stürzt Papa uns ins Unglück?« fragte ich schnell.
»Ich weiß es nicht«, sagte Opa leise, »ich weiß es wirklich nicht, mein Kind.«
Ich sah Opa nach, wie er mit großen Schritten quer über das Feld davonging.
Und dann kam der große Sturm. Tage- und nächtelang heulte er ums Haus. Oma beklagte sich, sie hätte Kopfweh von dem ewigen Gejaule, aber ich glaube, es kam vom Sturm. Ich glaube, es war wegen Papa und der Bürgerinitiative.
Ich brauchte zum ersten Mal nicht in die Schule, durfte aber auch nicht raus zum Spielen. Kein Kind durfte aus dem Haus, das war zu gefährlich. Äste, noch stärker als Papas Arme, wirbelten durch die Luft, ganze Bäume wurden ausgerissen, es regnete rote Dachziegel.
Eines Nachmittags besuchte uns der dicke Roland. Mama kochte

ihm einen Grog und erfuhr, wem im Dorf der Sturm wie viele Löcher ins Dach gerissen hatte. Wie gut, daß wir dieses schwarze, flache Teerpappedach haben. So ein Dach kann der Sturm nicht kaputtmachen.

Eine Weile wurde über Vogelsangs Dächer geredet, bis Papa aus dem Arbeitszimmer kam. Da stellte sich nun heraus, daß der dicke Roland eigentlich nicht wegen der Dächer, sondern wegen Papa gekommen war.

»Stimmt das mit der Bürgerinitiative?« fragte er Papa.

»Wir sind schon viele«, sagte Papa. »Du kannst auch mitmachen.«

»Ich bin doch nicht verrückt«, sagte der dicke Roland. »Ich bin nur gekommen, um dich zu warnen.«

»Du weißt, daß das Chemiewerk Vogelsang zerstören wird«, sagte Papa. »Also hilf mit! Damit es Vogelsang weiter gibt!«

Der dicke Roland schüttelte den Kopf. »Das ist mir zu gefährlich«, sagte er. »Was ihr da in der Bürgerinitiative treibt, ist doch verboten. Du stürzt dich ins Unglück. Und deine Familie mit.«

Genau das dachte Oma auch. Aber Papa fürchtete sich nicht. Er legte seine Hand auf den dicken Arm vom dicken Roland.

»Was heißt verboten? Die Mauer ist nur aufgegangen, weil wir alle was Verbotenes gemacht haben«, sagte er ruhig.

Der dicke Roland schüttelte Papas Hand ab und sprang auf. »Laß mich in Ruhe!« schrie er. Er wollte gehen, aber der Sturm drückte unsere Haustür zu, und obwohl der dicke Roland seinen dicken Bauch dagegen stemmte, ging die Tür nicht auf.

Papa packte ihn am Arm. »Feigling«, sagte er.

»Jawohl!« schrie der dicke Roland meinen Papa an. »Besser feige, als im Gefängnis zu landen!«

»Denkst du, das macht mir angst?« schrie Papa zurück. »Diese Geldsäcke werden meinem Kind nicht das letzte bißchen Natur nehmen. Eher geh ich ins Gefängnis! Für mein Kind!«
Nein, das wollte ich nicht! Meinetwegen sollte Papa nicht ins Gefängnis gehen!
Die Tür sprang auf. Der Sturm heulte, dunkles Laub wirbelte in die Küche. Am dicken Roland vorbei rannte ich aus dem Haus.
Der Sturm packte mich und zog mich mit sich fort. Er hatte viel mehr Kraft als ich, und meine Beine waren nicht schnell genug für ihn. Auf dem Acker fiel ich hin. Ich stand wieder auf, aber der Sturm stieß mich in den Rücken und warf mich in einen Busch.
Ich schniefte und drückte die Zweige weg – da faßte mich jemand im Genick.
Es war nicht der Sturm, es war mein Opa. Er zog mich unter dem Busch hervor und wickelte mich in seine Joppe. Weil der Sturm so heulte, verstand ich nicht, was er sagte.
Opa nahm mich auf den Arm und trug mich übers Feld nach Hause zurück. Unterwegs trafen wir Papa. Opa wollte mich nicht hergeben.
Aber Papa legte seine Arme um ihn und hielt Opa ganz fest, und so waren die beiden stärker als jeder Sturm.
Es ist fast das schönste auf der Welt, von zwei Männern, die zusammenhalten, nach Hause getragen zu werden!
Zum ersten Mal in meinem Leben durfte ich einen Grog trinken. Darauf war ich sehr stolz. Grog trinken eigentlich nur Erwachsene.
»Bitte geh nicht ins Gefängnis!« bat ich Papa und drückte mich an ihn.
»Aber Line!« rief Mama. »Wie kommst du denn darauf!«

»Es ist unsere Schuld«, sagte Opa. »Das Kind weiß zuviel.«
»Gar nicht!« widersprach ich.
»Sie weiß zuwenig«, sagte Papa.
An diesem Abend erfuhr ich endlich, warum mein Papa arbeitslos war.
Früher, als es in Berlin noch die Mauer gab, war mein Papa Lehrer gewesen. Wie Fräulein Sommerfeld. Eines Tages sollte er zu den Soldaten, aber das wollte er nicht. Deswegen wurde er im Gefängnis eingesperrt.
»Als Gefangener mußte ich wenigstens nicht schießen. Ich finde es besser, eingesperrt zu sein, als schießen zu müssen. Schießen ist schlimmer.«
Papa sagte das gleiche wie ich damals unterm Kirschbaum zu Opa, als er mir von Nimmersatt, Rußland und dem Krieg erzählt hatte.

Ich wollte wissen, wieso ich nie gemerkt hatte, daß Papa im Gefängnis gewesen war. Mama sagte, da sei ich noch gar nicht auf der Welt gewesen.
Ein Glück! Niemand möchte geboren werden, wenn der Papa gerade im Gefängnis ist.
Als Papa aus dem Gefängnis kam, fand er Mama. Sie liebten sich auf den ersten Blick, und ich wurde ganz schnell geboren.
Papa sagte, ich sei für ihn das Erste und das Beste gewesen, was er nach dem Gefängnis gemacht hätte, und was Besseres als ich sei ihm bis jetzt nicht wieder gelungen. Ich finde, das hat Papa gut gesagt!
Obwohl Papa aus dem Gefängnis entlassen war, durfte er nicht wieder in die Schule zurück. Wer nicht schießen will, kann kein guter Lehrer sein, sagten die Bestimmer.
Das verstehe ich überhaupt nicht. Es wäre doch bestens gewesen, wenn die Kinder von meinem Papa gelernt hätten, daß Schießen etwas Schlimmes ist. Aber gerade das sollten sie nicht lernen.
Mein Papa legte Gleise für die Eisenbahn. Später sortierte er nachts Briefe auf der Post. Danach stellte er Ziegel her in einer Fabrik, und zuletzt heizte er ein ganzes Krankenhaus.
So hat mein Papa sehr viele verschiedene Arbeiten und noch viel mehr verschiedene Menschen kennengelernt. Mein Papa sagt, darum tut es ihm nicht leid, daß er nicht wieder Lehrer sein konnte.
Obwohl die Mauer weg ist und alle Bestimmer, die meinen Papa ins Gefängnis gesperrt haben, darf er trotzdem nicht mehr Lehrer werden. Die neuen Bestimmer denken, mein Papa hat den Lehrer verlernt, dabei weiß mein Papa so viel! Außerdem finden sie, mein Papa sei zu alt.

Das finde ich nun gar nicht. Ich finde, von allen erwachsenen Männern gibt es keinen, der so jung ist wie mein Papa. Daran erkennt man eben, daß alle Bestimmer sich irren können.
Als Papa seine Geschichte zu Ende erzählt hatte, war der Abend aber noch nicht zu Ende. Das war nämlich auch der Abend, an dem mein Opa von der Eckbank aufstand und feierlich sagte: »Diesmal halte ich zu dir, mein Sohn.«
Damit reichte er Papa seine Hand über den Tisch. Papa nahm Opas Hand und drückte sie fest. Dann wollte er Opa im Ganzen drükken, aber das war schwierig, weil der Küchentisch zwischen ihnen stand. Irgendwie schafften sie es aber doch, sich abzudrücken.
Oma weinte und suchte ihr Taschentuch.
Mama weinte auch und holte ein Taschentuch für Oma aus der Schürzentasche. Oma schneuzte sich und gab das Taschentuch Mama, damit sie sich auch schneuzen könnte, denn sie hatte es wahrhaftig nötig.
Dann umarmte Oma meinen Opa und meinen Papa, und dann umarmte Mama alle, und ich stand da und guckte zu, denn es war wirklich wunderschön.
Ich fand, so könnte es bleiben. Wenn Papa nur nicht wieder ins Gefängnis müßte!
»Aber das muß er doch gar nicht!« Mama schluchzte und lachte zur selben Zeit. Ich hatte gar nicht gewußt, daß so was geht.
»Papa bleibt bei uns! Immer!« behauptete sie und drückte meinen Papa.
»Aber der dicke Roland hat gesagt...« wollte ich einwenden.
»Roland ist ein Feigling«, sagte Papa. »Eine Bürgerinitiative ist doch nicht verboten. Im Gegenteil!«

»Feiglinge sind doof«, sagte ich.
»Nein«, sagte Papa, »sie haben Angst.«
»Wenn Bürgerinitiative nicht verboten ist, dann brauchst du auch nicht dauernd von dem doofen Gefängnis zu reden. Ich will nicht an was Schlimmes denken«, sagte ich.
»Versprochen«, sagte Papa und küßte mich. »Das mit dem Gefängnis ist vorbei. Ein für allemal!« Und er lächelte mich richtig erleichtert an.
Ach, mein Papa sieht so schön aus! Er ist wirklich der schönste Mann der Welt!
Ich glaube, in dieser Nacht schlief ich sogar, denn ich wachte am Morgen auf. Wer aufwacht, muß geschlafen haben. Oder nicht?
Ich wachte auf, weil es so still war. Der ganze laute Sturm war plötzlich weg. Die Sonne strahlte, der Himmel war blau, kein Halm rührte sich! Wie schön ist Vogelsang, dachte ich, als ich aus dem Fenster sah.
»Wie schön ist es hier!« rief ich, als ich nacheinander Mama, Papa, Oma und Opa den Gutenmorgenkuß gab.
Weil der Sturm sich gelegt hatte, konnte das gelbe Postauto wieder bei uns in Vogelsang vorfahren. Unsere Postfrau trat mit dem Fuß gegen die Tür, um sich anzumelden. Zum Klopfen hatte sie keine Hand frei.
Und Patschke bellt nie, wenn die Postfrau kommt, sondern wedelt nur erwartungsvoll mit dem Schwanz. Die Postfrau gibt ihm nämlich immer von ihren belegten Broten ab.
Ihre belegten Brote sind bestimmt sehr lecker, sonst wäre unsere Postfrau nicht so dick oder, wie Papa immer sagt: wohlgerundet. Die belegten Brote sind das beste Mittel, sich mit den Hunden in

Vogelsang zu vertragen, meint die Postfrau, denn in Vogelsang laufen die Hunde frei herum und bewachen die, die sie gut leiden können, vor denen, die sie nicht mögen.
Ich öffnete der Postfrau, und sie kam zum ersten Mal, seit wir in Vogelsang wohnten, zu uns in die Küche. Sie legte einen Stapel von großen und kleinen, dicken und länglichen Briefen auf unseren Tisch. Allc für Papa oder, besser gesagt, für die Bürgerinitiative. Dann setzte sie sich. Jedem, der in Vogelsang in ein Haus kommt, wird sofort etwas zu trinken angeboten. Kaffee oder Tee oder Saft oder Grog oder Bier oder Wein oder Schnaps. Je nach Geschmack. Weil die Postfrau das Postauto fährt, darf sie keinen Schnaps trinken. Ihr Geschmack ist Kaffee. Ich dachte, nun packt sie ihre leckeren Brote aus, aber sie erzählte mir, die hätten die Hunde ganz und gar aufgefuttert.
»Alle?« wunderte ich mich. »Wollen Sie abnehmen?«
Mama zischte etwas in meine Richtung. Das tut sie immer, wenn ich mich falsch betrage.
Die Postfrau nahm mich in Schutz. Sie hätte wirklich schon abgenommen, sie könne nichts mehr essen, der Magen mache nicht mehr mit, und das alles wegen dem Chemiewerk, seufzte sie.
Und dann sprang sie auf und schüttelte Papa die Hand, daß ich dachte, sie wolle ihm den Arm ausreißen.
»Danke! Danke, danke! Im Namen aller Bewohner von Neuhausen! Dank! Aber vor allem von mir! Ich danke Ihnen!«
Ich wußte gar nicht, daß unsere Postfrau in Neuhausen wohnt.
Natürlich bedankte sie sich bei Papa wegen der Bürgerinitiative.
Ich war richtig stolz auf ihn! Mama sah auch stolz aus. Und Opa.
Aber am allermeisten Oma.

»So eine reizende Frau«, sagte sie, als wir der Postfrau in ihrem Auto nachwinkten.
»Tja, jetzt haben wir unsere Freunde in Neuhausen und anderswo, nur nicht mehr in Vogelsang«, sagte Papa, bevor er wieder an den Schreibtisch ging.
»Ich will aber, daß alle Vogelsänger Freunde sind!« rief ich.
Opa nickte. Er zog sich seine Joppe über, Schal um den Hals, Mütze auf. »Ich rede mit Löbkes«, sagte er.
Ich ging gleich mit und holte Ralf. Ralf und ich flitzten zu Laura. Sie saß in ihrem Kinderzimmer auf dem Prinzessinnenstuhl und las.
»Laura!« rief ich. »Wir müssen unbedingt etwas tun! Sonst ist Vogelsang als einziges Dorf von der Welt nicht in der Bürgerinitiative!«
Das paßte Laura natürlich nicht, auch wenn diese Chemie sie nicht so aufregte wie Ralf und mich. Auf jeden Fall wußte sie auch schon, daß Bürgerinitiative was Besonderes ist.
Kaum waren wir drei zusammen, hatten wir viele gute Ideen. So ist das immer bei uns.
Die beste Idee war das Plakat. Wir machten uns gleich an die Arbeit. Im Atelier fand Laura eine Tapetenrolle. Wir rollten sie auf.
»Was soll denn draufstehen?« fragte Laura.
Ralf überlegte nicht lange. »Na: Laßt unsere Welt in Ruhe«, sagte er.
»Und die Tiere«, sagte Laura.
»Und helft lieber«, sagte ich.
Ich war froh, daß Laura in die zweite Klasse geht und besser und schneller schreiben kann als Ralf und ich. Ja, das muß ich zugeben.

Bei Ralf und mir hätte das ewig gedauert. Wenigstens habe ich gemerkt, daß es gut ist, zur Schule zu gehen und schreiben zu lernen. Für alle, die nicht wissen, was unsere Welt ist, hatten wir auf das Plakat Vogelsang gemalt. Weil Vogelsang so viel Schönes hat, mußten wir die Tapetenrolle lang und länger ziehen. Schließlich sollten meine Elche, Wölfe und Bären mit drauf, ich konnte sie ja nicht einfach weglassen, bloß weil sie noch nicht in Vogelsang angekommen sind.
Dann fielen mir die beiden versunkenen Dampfer ein, von denen mir Opa erzählt hatte, und Ralf wollte den Trecker von seinem Papa mit draufhaben, und Laura behauptete, ihr Papa hätte auch schon in Afrika und bei den Eskimos mit seinen Puppen vorgespielt, darum mußten Afrika und Eskimoland auch mit drauf.
Und was war mit Indianern und Chinesen? Sollten die fehlen, nur weil Lauras Papa mit seinen Puppen noch nicht bis zu ihnen gekommen war? Das wäre ungerecht gewesen!
Es war wirklich kaum zu schaffen. Aber wir schafften es eben doch. Selbst zu dritt war es schwierig, das Plakat durch Vogelsang zu tragen. Wie eine lange bunte Schlange auf sechs Beinen bewegten wir uns durchs Dorf. Die Vogelsänger kamen aus ihren Häusern und blieben an ihren Gartenzäunen stehen. Staunend sahen sie unser Plakat.
Wir hielten es ihnen so lange hin, bis jeder gelesen hatte, was darauf stand.
Zuletzt buchstabierte es Paul seinem Bruder Karlchen vor: »Laßt unsere Welt in Ruhe und die Tiere, und helft lieber!«
Das Plakat nahmen wir auch auf die große Versammlung von der Bürgerinitiative mit. Das Fernsehen filmte uns sogar mit ihm.

Zeitungsreporter drängelten sich, weil jeder das beste Foto machen wollte von Laura, Ralf und mir.
Die Vogelsänger Raubritter guckten ganz schön neidisch, denn sie wären natürlich auch zu gern berühmt geworden. Wir winkten ihnen zu, und wenigstens unser Winken für sie ist mitfotografiert worden.
Unser Plakat hatte es geschafft, alle Vogelsänger in die Schulsporthalle zu holen. Sie waren mittendrin in der Bürgerinitiative und winkten zurück.
Nur die Herren vom Chemiewerk taten so, als sähen sie uns nicht. Obwohl unsere Bürgerinitiative sie schließlich eingeladen hatte, wollten sie die Bestimmer auf der Versammlung sein.
Sie saßen vorn an einem langen Tisch, trugen wichtige graue Anzüge und hatten silberne Köfferchen aufgeklappt. Sie redeten und redeten, wie herrlich die ganze Chemie sei und welches Glück es für Neuhausen wäre, endlich die Chemie zu kriegen. Sie kamen sich sehr klug vor.

Aber wie wenige waren sie! Es waren nur fünf Männer, denen dieses Chemiewerk gefiel.
Und es waren hundert und tausend und noch mehr Menschen, die das Chemiewerk nicht haben wollten.
Als die Herren vom Chemiewerk ihre Reden beendet hatten, wollten die hundert und tausend und noch mehr Menschen endlich auch was sagen – nämlich, warum sie gegen das Chemiewerk waren.
Die Menschen brüllten durcheinander. Ich verstand gar nichts.
Papa trat nach vorn und rief: »Ruhe!«
Es wurde still. Ich staunte: So viele Menschen wollten meinen Papa hören.
Papa sagte, einer nach dem andern solle vor die Versammlung treten und in Ruhe reden.
Die Menschen klatschten, weil sie fanden, das sei eine gute Idee.
Ich dagegen fand das nicht. Das konnte dauern! Nee! Mir war das zu langweilig! Laura und Ralf auch. Wir verließen die Sporthalle.
Das Plakat blieb an der Wand stehen, damit die Erwachsenen nicht vergaßen, warum sie sich versammelt hatten und nicht durcheinanderkamen bei dem vielen Gerede.
Wir rannten über den Sportplatz und spielten Pferd. Wir balancierten auf einer Mauer. Wir spielten Greifen und Verstecken. Dann schauten wir uns die Bilder an, die die Kinder von Neuhausen gemalt hatten.
Die Kinder von Neuhausen waren auch in der Bürgerinitiative.
Und ihre Bilder wurden draußen vor der Sporthalle in Schaukästen ausgestellt. Die Kinder von Neuhausen hatten nicht unsere schöne Welt gemalt, sondern wie die Welt aussehen würde, wenn es eine

Chemiekatastrophe gäbe. Auf allen Bildern waren Feuer oder Qualm drauf, Totenköpfe, Skelette und Grabkreuze, Kinder, die weinten, und umgefallene Pferde, Kühe und Schweine.

»Vergiftet«, sagte Ralf, »kann man gut erkennen.«

Wir rannten in die Halle zurück und dachten erst, das Geklatsche, Getrampel und Geschrei wäre für uns, weil wir endlich wieder da waren.

Aber nein! Die Menschen machten diesen Krach, weil sie die Herren vom Chemiewerk besiegt hatten.

Da schrien Laura und ich unseren Tarzanschrei! Wir faßten Ralf an den Händen und hopsten zwischen all den begeisterten Leuten herum.

Plötzlich sah ich meinen Opa bei Oma Löbke stehen. Ganz still standen sie da und gaben sich die Hand.

Ich glaube, Oma Löbke hat geweint.

»Ja, Line«, sagte Opa zu mir, als er mich entdeckte und zu mir kam, »beinahe hätte Oma Löbke ihre Heimat zum zweiten Mal verloren. Die erste Heimat hat ihr der Krieg genommen, und ihre zweite Heimat wollten die Herren vom Chemiewerk gefährden.«

Ich wollte gern zu Oma Löbke hin, aber da sah ich plötzlich Herrn Moitin.

»Was hat der denn hier zu suchen?« rief ich.

Herr Moitin ging auf Oma Löbke zu, und dann – schüttelte er ihr die Hand.

»Kennt Oma Löbke etwa Herrn Moitin?« fragte ich Opa.

»Es sieht so aus«, sagte er und war genauso erstaunt wie ich.

Doofer Herr Moitin, wollte ich muffeln, aber komisch – ich konnte es nicht.

Ich war froh, als wir endlich zu Hause ankamen.
Der Vollmond strahlte silberhell auf Vogelsang hinunter. Nebel schwebte über den Wiesen und zwischen den Bäumen, als hätten Elfen und Feen unendlich lange, durchsichtige Tücher aufgehängt.
»Komm schlafen«, sagte Oma und küßte mich auf die Stirn.
»Und Mama und Papa?« fragte ich.
»Laß sie noch ein wenig gehen«, sagte Oma. »Sie hatten so wenig voneinander in letzter Zeit.«
Ein Weilchen sah ich zu, wie Mama und Papa auf unserem Weg spazierengingen. Sie hielten sich an den Händen und gingen in den Nebel hinein und ließen sich vom Mondlicht begießen. Sie sahen still und schön aus nebeneinander.
In dieser Nacht schlief ich nicht, weil ich zwischen Oma und Opa im Bett liegen durfte. Das war so gemütlich! Ich wollte kein bißchen verpassen von der Gemütlichkeit.

12

Das Wichtigste an Vogelsang ist, daß ich hier ein Christkind sein darf. Mama borgte mir ihr weißes Nachthemd, und wir schnitten aus weißem Karton Flügel aus. Die Flügel beklebte ich mit dem glitzrigen Papier, in das Schokoladentafeln eingewickelt sind, und Mama nähte die Flügel an das Nachthemd. So verwandelte sich Mamas Nachthemd in ein echtes Christkindkleid.
Kaum hatte ich es angezogen, breitete ich beide Arme aus und schwebte aus dem Haus.
Mama stand in der offenen Tür und rief hinter mir her: »Lauf nicht so schnell, du stolperst über das Hemd!«
Aber ich lief nicht schnell, ich schwebte. Die ganze Weihnachtszeit schwebte ich durch Vogelsang und sah wunderschön aus, und jeder in Vogelsang, der mich sah, lächelte und winkte mir zu. Ist ja klar, das Christkind ist schließlich das Schönste und Wichtigste an Weihnachten!
Auf der Stirn trug ich einen glänzenden Stern, der war an einem goldenen Gummi festgemacht. Den Gummi brauchte ich nur über den Kopf zu ziehen, wenn ich ein Christkind sein wollte. Und das wollte ich immer.
Als ich mit dem goldenen Stern auf der Stirn ins Klassenzimmer kam, lachten die Kinder über mich.

Aber sie lachten nicht aus Freude. Das merkte ich genau. Ich tat aber so, als merkte ich es nicht, und setzte mich in die Bank.
Es klingelte, und Fräulein Sommerfeld stellte sich vor uns hin.
Kaum entdeckte sie den goldenen Stern auf meiner Stirn, wollte sie, daß ich ihn abmache.
»Das sieht doch albern aus«, sagte sie, und wieder lachten die Kinder.
Ich bin aber nicht so dumm, alles zu machen, was Fräulein Sommerfeld sagt, bloß weil sie meine Lehrerin ist. Schließlich hatte ich im Spiegel mit eigenen Augen gesehen, daß ich mit dem Stern wunderschön und kein bißchen albern bin. Und ganz Vogelsang hatte es auch gesehen. In Vogelsang schweben die Christkinder eben nur so rum, und der Himmel ist voller goldener Sterne.
Darum bin ich so froh, daß wir nach Vogelsang gezogen sind. Viel-

leicht hätte ich sonst eines Tages auch über das Christkind gelacht, und Weihnachten wäre überhaupt nichts Besonderes mehr gewesen; eben nur ein Fest, an dem ich Geschenke bekomme. Aber für die Geschenke gibt es schon den Geburtstag.

Weihnachten ist etwas ganz anderes.

Als Laura sah, daß ich ein Christkind bin, wollte sie sich auch verkleiden. Sie zog den Bademantel von ihrem Papa an, setzte die Kapuze auf und klemmte sich eine Handvoll Schafwolle unter das Kinn.

»Ein Wichtel! Wir haben einen echten Wichtel in Vogelsang!« riefen die Vogelsänger, sobald sie Laura sahen.

Überall in Vogelsang waren Christkind und Wichtel längst gewesen, nur in der Berta-Höhle nicht.

Zwischen den Bäumen der Berta-Höhle stieg dünner Rauch auf, der kam aus dem kleinen Schornstein vom nichtangemalten Zirkuswagen. Warmes Licht schimmerte durch die Fenster. Hinter einer Scheibe sahen wir Herrn Moitin, wie er sich etwas in eine Tasse goß.

Irgendwie sah Herr Moitin so allein und traurig aus. Ich mußte daran denken, wie er Oma Löbke die Hand gedrückt hatte, als wir das Chemiewerk besiegt hatten, und wie sehr er sich mit uns gefreut hatte. Damals war er kein bißchen allein gewesen, obwohl er nicht hierher zu uns, sondern nach Hamburg gehörte.

Die Tür des Wagens öffnete sich. Herr Moitin kam heraus. Er lächelte genauso, wie alle Leute in Vogelsang lächeln, wenn sie das Christkind sehen.

»Wollt ihr hereinkommen?« fragte er.

»Ja gern!« quiekte Laura begeistert und sprang auf die Treppe.

»Langsam, langsam«, sagte Herr Moitin. »Nicht das feine Kleid zerreißen...«
Er reichte mir die Hand und half mir in den Wagen.
»Bei mir war lange kein Christkind mehr zu Besuch«, sagte er und sah mich so seltsam an. Ob Herr Moitin erkannte, daß das Christkind im Sommer mit Knallerbsen nach ihm geschossen hatte?
Der kleine Eisenofen glühte. Herr Moitin kramte in der Tischlade, bis es knisterte, und legte uns eine Tüte mit Hustenbonbons auf den Tisch. Ich steckte ein Bonbon in den Mund und überlegte.
»Was wird nun aus Ihren Toten?« fragte ich.
»Welchen Toten?« fragte er zurück.
»Die Toten in Hamburg, die Sie in Ihr Auto laden und zum Friedhof fahren müssen?«
Wieder sah Herr Moitin mich prüfend an. »Sorgst du dich um die Toten, oder willst du wissen, was ich hier zu suchen habe?«
»Es ist nur, weil wir zuerst in der Berta-Höhle gewohnt haben«, erklärte Laura.
»Soso...« sagte Herr Moitin. Und dann schwieg er.
Wir lutschten und lutschten, und er schwieg und schwieg. War das heiß hier! Ich hätte gern den Anorak ausgezogen, aber das war unmöglich, denn dazu hätte ich vorher aus dem Christkindkleid steigen müssen, und das wollte ich nicht.
Laura schwitzte auch. Ohne weiteres riß sie ihren Schafwollbart ab und wischte sich damit den Schweiß von der Stirn.
»Ja ja, Kinder«, sagte Herr Moitin endlich.
Wir schauten ihn erwartungsvoll an. Aber da schwieg er schon wieder.
Ich schwitzte so fürchterlich, ich hielt es einfach nicht mehr aus.

Ich mußte es Herrn Moitin auf der Stelle sagen, obwohl er mir leid tat und obwohl mir seine Bonbons schmeckten.
»Wir woll'n die Berta-Höhle nämlich wiederhaben. Das ist mein liebster Weihnachtswunsch«, flüsterte ich.
Diesmal nickte Herr Moitin, ohne etwas zu sagen.
Ich stellte mir vor, wie er den Zirkuswagen wieder an den Trecker kuppelte und holpernd und schwankend aus Vogelsang wegfuhr.
Plötzlich tat mir Herr Moitin leid. War das verzwickt! Jetzt mußte ich erst recht raus aus der Hitze.
Wie gut, daß in Vogelsang immer ein frischer Wind weht! Draußen ging es mir gleich besser. Schade, daß es schon dunkel war. Ich hätte mich gern mal wieder in der Berta-Höhle umgesehen. So lange war ich nicht mehr hier gewesen, bloß wegen dem Chemiewerk und den ganzen Aufregungen.
Vorsichtig tappte ich durch die Finsternis. Ich wollte unser Geheimfach suchen. Aber da hielt mich jemand unten an meinem langen Kleid fest.
»Hilfe!« schrie ich. »Hilfe!«
Ein greller Lichtschein traf mich. Ich riß an dem Kleid, aber ich konnte mich nicht befreien. Da fing ich an zu weinen.
»Nun, nun...« hörte ich die Stimme von Herrn Moitin ganz nah bei mir. »Es ist nur ein Zweig. Bist hängengeblieben, mein Kind.«
Ich spürte seinen warmen Atem in meinem Gesicht und erkannte, daß der Lichtschein von der Taschenlampe in seiner Hand kam.
»Lieber Herr Moitin!« rief ich und klammerte mich an ihn.
Auf einmal war es so, als ob ich Herrn Moitin schon lange kennen würde, viel länger noch, als wir in Vogelsang wohnten.
Herr Moitin half mir mit der Taschenlampe beim Suchen. Aber wir

fanden das Geheimfach nicht. Laura konnte auch nicht helfen, denn Ralf und ich hatten ihr die Stelle nicht verraten. Wie dumm von uns! Bevor ich wieder weinen mußte, versprach mir Herr Moitin, weiterzusuchen, sobald es wieder hell war, und so lange zu suchen, bis er das Geheimfach gefunden hatte.
Er leuchtete Laura und mir mit seiner Taschenlampe einen Weg aus der Berta-Höhle, als wir nach Hause gingen.
»Kommt bald mal wieder«, sagte er zum Abschied.
»Das machen wir!« riefen Laura und ich.
Gerade rechtzeitig fiel mir noch ein, daß ich immerhin das Christkind war. »Und was wünschen Sie sich zu Weihnachten, Herr Moitin?« fragte ich höflich.
»Ja... also...« murmelte Herr Moitin, und ich fürchtete schon, er würde gleich wieder still sein. Doch er wollte es nicht verpassen, einem echten Christkind seinen Weihnachtswunsch mitzuteilen. In der Berta-Höhle sollte ein schmuckes Bauernhaus stehen, mit einer Scheune und einem sauberen Stall, Pferden, Schweinen und Kühen dazu, einem Hund und ein paar guten Mauskatzen. Das wünschte sich Herr Moitin. In die Mitte des Bauernhofes wünschte er sich ein Taubenhaus mit gurrenden Tauben und auf das Dach der Scheune ein Wagenrad, damit der Storch dort sein Nest bauen könnte.
Was sollte ich nur tun, damit Herr Moitin zu seiner Weihnachtsfreude kam?
Mama meinte, Herr Moitin müßte viele Jahre lang warten, bevor ein so großer Wunsch in Erfüllung ginge, und ich könnte ihm kaum dabei helfen – auch wenn ich das Christkind wäre.
Je näher Weihnachten rückte, desto kälter wurde es. Die Mäuse zogen in unser Haus. Sie kuschelten sich zwischen die Handtücher,

die Mama in einem Regal in der Badestube ordentlich über- und nebeneinander gestapelt hat, und zerknabberten sie zu gemütlichen Mäusenestern.

Mama ärgerte sich, weil sie nicht auf unsere Toilette gingen, sondern überall im Haus kleine schwarze Würste verteilten.

Oma nannte die Mäuse eine schreckliche Plage und schimpfte mit Kater Mims, der gar nicht erst versuchte, eine Maus zu fangen. Ja, draußen im Garten war das etwas anderes! Da war Kater Mims der stolze Jäger! Er lauerte den Mäusen vor ihren Löchern auf, verfolgte sie bei ihren Spaziergängen durch den Garten oder schnappte sie, wenn sie gerade ein Korn zwischen den Pfötchen hielten, um daran zu knabbern.

Ach, ich finde Mäuse so niedlich, besonders die in Vogelsang. Sie sind winzig klein und haselnußbraun und haben von Kopf bis Schwanz einen feinen schwarzen Streifen auf dem Rücken. Die Augen blinken schwarz, das Näschen ist rosa, das Fell glatt und weich.

Ich bin froh, daß Mims die Mäuse in unserem Haus nicht fangen kann! Sie leben nämlich vergnügt überall dort, wo Kater Mims nie in seinem Leben hin darf: im Handtuchregal eben und im Küchenschrank, in der Speisekammer und im Strumpfkasten, in der Wäschetruhe und im Schreibtisch.

Jedesmal, wenn eine Maus vor Oma auftauchte, tönte ein fürchterlicher Schrei durchs Haus. Oma stand starr und steif an dem Platz, an dem die Maus aufgetaucht war, und preßte beide Hände auf die Brust. Dann hauchte sie: »Mein Herz … mein Herz …«

Mama, Papa, Opa und ich halfen ihr zum Sofa und legten sie hin. Oma seufzte: »Ich hätte tot sein können«, und sie sah auch so weiß

aus, wie echte Leichen aussehen sollen. Aber zum Glück ist sie immer am Leben geblieben.
Dann kam der vierte Advent. Alles war so gemütlich: die Kerzen auf dem Adventskranz, der schmauchende Räuchermann, der gedeckte Kaffeetisch – nur der Stollen fehlte noch.
Ich stand ungeduldig neben Oma, die ihn aus der Tüte holen und aufschneiden wollte. Stollen esse ich sehr gerne.
Genau wie die Maus, die in der Tüte saß und Stollen knabberte. Ich lächelte ihr zu. Ich finde, Mäuse und Menschen könnten friedlich zusammenleben.
Aber Oma findet das nicht. Sie griff in die Stollentüte, erstarrte und schrie.
Mama sprang auf. Ich nahm Oma vorsichtig die Stollentüte aus der erstarrten Hand.

»Oma, du kannst aufhören zu schreien«, sagte ich. »Ich habe die Maus.«

Mutig griff Mama in die Tüte und holte die Maus heraus. Ich sah genau, die Maus gefiel ihr auch. Umgekehrt gefiel aber Mama der Maus nicht. Sie entschlüpfte mit einem gewaltigen Sprung.

Papa versperrte der Maus den Weg, und Mama erwischte sie in der Ofenecke.

»Halt sie fest!« schrie Papa.

»Aua!« schrie Mama und hielt die Maus nicht mehr fest. Die Maus hatte Mama in den Finger gebissen. Mamas Finger blutete und blutete. Aber wenn ich eine Maus wäre und solche Todesangst hätte, würde ich auch beißen!

Papa war wütend auf die Maus. Er wollte sie unbedingt fangen. Kater Mims beobachtete aus schmalen Augenschlitzen, wie Papa keuchend den Küchenschrank von der Wand abrückte.

Tatsächlich, da war die Maus! Sie versuchte gerade, den Schrank hinaufzuklettern. Papa versperrte ihr den Weg mit seiner großen Hand, und als die Maus kehrtmachte und nach unten fliehen wollte, war da Papas andere Hand. Die Maus erstarrte, und Papa schnappte sie. Er hielt die Maus fest in seiner Faust, und diese Faust hielt er Kater Mims unter die Nase, der sich faul und fett auf der Küchenbank rekelte.

»Mims Mimserich, alter Bartputzer! So macht man das!« belehrte Papa Kater Mims.

Mims blinzelte die Maus an und gähnte.

»Morgen kriegst du nichts zu fressen«, sagte Papa zu Mims.

Er öffnete das Küchenfenster und setzte die arme Maus hinaus in die Kälte.

Ich glaube, das hat unsere anderen Mäuse sehr erschreckt. Sie sind seither nicht mehr aufgetaucht. Wir hören sie nur noch knistern und rascheln, knuspern und knabbern, trippeln und trappeln. Und überall im Haus sehen wir ihre Reste von Nüssen, Rosinen, Keksen und Äpfeln. Wir sehen die Löcher in den Handtüchern, Pullovern und Hemden. Und wir sehen die kleinen schwarzen Mausewürste. So wissen wir, daß es den Mäusen in unserem Haus gutgeht.

Ich finde, Heiligabend ist der einzige Abend im Jahr, an dem es mehr Spaß macht zu verschenken, als selber etwas geschenkt zu bekommen. Das ist es eben, was Heiligabend so besonders und so anders als alle anderen Feste macht.
Das Schönste für mich an diesem Weihnachten war, daß wir Herrn Moitin den Bauernhof geschenkt haben.
Papa hatte gemeint, ich solle Herrn Moitin erst fragen, ob es ihm recht sei. Natürlich war es ihm recht!
Also fuhr Papa in die Stadt und kaufte Farben. Viele bunte Farben!
Es ist ein kunterbunter Bauernhof geworden, den wir Herrn Moitin auf seinen Wagen gemalt haben – rundherum und überall hin, bis nichts mehr von dem langweiligen Grau übrig war.
Herr Moitin stand die ganze Zeit dabei. Laura, Ralf und ich konnten ihn fragen, wenn wir nicht weiterwußten. Zum Beispiel, wie viele Ferkel eine Sau haben kann oder wie viele Tauben in ein Taubenhaus passen oder ob Pferde im Liegen oder im Stehen schlafen.
Egal, was Herr Moitin antwortete, Ralf nickte dazu. Er zog mich beiseite und flüsterte mir ins Ohr: »Der ist kein Beerdiger! Der ist Bauer!«

Ich glaubte Ralf nicht. Papa hatte in Hamburg jedenfalls nirgends Bauernhöfe gesehen.
Als nichts mehr fehlte an dem Bauernhof für Herrn Moitin, spazierten wir um den Wagen herum und bewunderten unser Werk.
Herr Moitin war rot vor Freude, und seine Augen wurden so blau und groß, daß man sich vorstellen konnte, wie er ausgesehen haben

mochte, als er noch nicht so faltig, sondern ein Junge wie Ralf gewesen war.
Er lud uns in seinen kunterbunten Bauernwagen ein. Auf dem Tisch stand eine große Schüssel, gefüllt mit Pfannkuchen.
Herr Moitin erklärte, er könne nicht backen und wüßte auch nicht mehr genau, was Kindern wie uns schmeckt, aber er hätte gemeint, Pfannkuchen…
»O ja! Pfannkuchen!« schrien wir und stürzten uns auf die Schüs-

sel. Am 24. Dezember schmecken Pfannkuchen noch viel leckerer als sonst!

Als die Schüssel leer und unsere Gesichter voll Marmelade waren, stellte Herr Moitin einen Schuhkarton auf den Tisch. Er nahm den Deckel runter, und da lagen unsere Schätze! Der Muschelstein und der Mondstein, ein leeres Schneckenhaus, die Handabdrücke von Ralf und mir auf der Lehmscheibe, die Scherbe, die so gut zum Graben war, der schwarze Gummischlauch, mit dem wir telefonieren konnten, die Glühbirne, die Batterie und das rotlackierte Teil von einem Auto. Nichts fehlte.

Und mittendrin stand die kleine Dame aus Porzellan, den Rosenhut auf dem Kopf, den Tennisschläger in der Hand, und schaute mit vornehm gespitzten Lippen auf all die Kostbarkeiten herab, die zu ihrem einen Fuß lagen; denn sie hatte ja nur noch den einen Fuß und ein Bein. Herr Moitin faßte die kleine Dame mit zwei Fingern um die zierliche Taille.

»Wißt ihr, ich kenne sie schon sehr lange«, sagte er. Die Stimme kratzte in seinem Hals, ich konnte es selber fühlen, weil es meine Stimme genauso macht, wenn ich krank bin oder gleich anfangen muß zu weinen.

»Wir wollten sie Ihnen nicht wegnehmen«, sagte ich darum schnell. »Ralf hat sie gefunden, als er...«

»Ich bin froh, daß ihr sie gefunden habt«, sagte Herr Moitin. Er sah wirklich froh aus, obwohl seine Stimme kratzte.

»Als ich ein Kind war, durfte ich sie nie in die Hand nehmen. Dabei habe ich die kleine Dame so bewundert. Aber sie stand hinter einer Glasscheibe, oben in Mutters Schrank. Sie war eben Mutters einziges wertvolles Stück.«

Und dann erzählte uns Herr Moitin, daß er lange vor uns als erster in der Berta-Höhle gewohnt hatte. Herr Moitin war sogar in der Berta-Höhle geboren worden!
Aber damals war die Berta-Höhle eben keine Höhle gewesen, sondern ein Bauernhof. Genauso ein Bauernhof, wie wir ihn auf Herrn Moitins Wagen gemalt hatten. So hatte es früher mal in echt hier ausgesehen. Herr Moitin war hier ein kleiner Junge gewesen und erwachsen geworden und hatte gelernt, ein guter Bauer zu sein.
Herr Moitin war ein Vogelsänger!
Laura, Ralf und ich hörten ihm gespannt zu. Wir wollten unbedingt wissen, ob er etwa die Schöne Berta gekannt hatte.
Und da sagte Herr Moitin, daß sie seine Mutter gewesen war!
Jetzt wollte ich natürlich hören, wie das ist, wenn man die Schöne Berta als Mama hat. Und warum ihr Haus kaputt war. Und Ralf fragte, warum sie mit so großen Feldsteinen gebaut hatte und wie die rangeschafft worden waren und wohin die Treppe führte.
Und Laura fragte, was mit dem Papa von Herrn Moitin passiert war und warum Herr Moitin erst als alter Mann in die Berta-Höhle nach Hause gekommen war.
»Ich wäre gar nicht erst aus Vogelsang weggegangen«, sagte sie.
Herr Moitin sagte nichts. Er wollte nicht mehr erzählen. Und da waren wir auch still.
Wir wissen ja, daß alles seine Zeit braucht. Die Jahreszeiten, das Häuserbauen, das Verzanken, das Vertragen, das Erzählen...
Eines Tages wird Herr Moitin mehr von der Schönen Berta erzählen. Ich glaube nicht, daß ich lange darauf warten muß. Wir werden ihn nämlich oft besuchen.
Herr Moitin bewacht den Schuhkarton mit allen unseren Schätzen

für immer in seinem Wohnwagen. Dort findet ihn keiner, hat er gesagt. Wenn wir einen neuen Schatz entdecken, bringen wir ihn gleich zu Herrn Moitin.
Herr Moitin ist nämlich unser Freund.
Die kleine Dame aus Porzellan dürfen wir auch behalten. Und wir können in der Berta-Höhle spielen. Genau wie früher. So ist mein liebster Weihnachtswunsch in Erfüllung gegangen, noch bevor die Lichter an unserem Baum angezündet waren.
Gerade als Papa die Lichter am Weihnachtsbaum anzünden wollte, bellte Patschke. Laura stand vor unserer Tür, eine fette weiße Gans unterm Arm.
»Das ist doch Sonja!« rief ich und strich über die glatten weißen Federn. Sonja hielt den Kopf schräg und sah mich an.
Laura schniefte. »Ihr sollt meine Sonja als Weihnachtsbraten essen«, sagte sie.
»Das ist aber nett!« rief Oma, die allen voran aus dem Weihnachtszimmer zu uns vor die Haustür kam.
»Gar nicht«, sagte Laura. »Ihr kriegt Sonja nur, weil ich nicht mit Weihnachten feier, wenn meine Eltern sie schlachten. Die nehmen jetzt eine andere Gans, eine ohne Namen.«
Laura schluchzte.
»Ist es nicht besser, das Kind behält seine Gans?« fragte Oma meine Mama.
Aber Laura schüttelte den Kopf.
»Mein Papa hat gesagt, Sonja muß

weg. Nächstes Weihnachten ist sie zu alt und schmeckt nicht mehr. Sie muß geschlachtet werden, jetzt oder nie.«
Opa griff Sonja unter die Flügel. »Also dann...« sagte er. »Will ich es mal hinter mich bringen... vor der Bescherung...«
Und damit nahm er Sonja aus Lauras Armen. Laura drehte sich um und rannte davon.
Ich fing an zu weinen. Ich wollte Sonja auch nicht aufessen! Immerhin kannte ich sie seit meinem ersten Morgen in Vogelsang. Die gute Sonja, die Laura und ihren Eltern unseren Kullerberg hinauf nachgelaufen war!
Je länger ich daran dachte, um so mehr mußte ich weinen. Schließlich weinte ich sogar darüber, daß wir Purzelbäume geschlagen hatten und den Kullerberg hinuntergerollt waren. Ich weinte, weil es so schön in Vogelsang war und ich Laura zur Freundin hatte und weil es noch viel schöner werden würde in Vogelsang und weil die arme Sonja das nicht miterleben durfte, sondern aufgegessen sein sollte.
»Irgendwann muß jede Gans geschlachtet werden«, sagte Mama. Sie dachte, sie könnte mich damit trösten. Aber da hatte sie sich geirrt!
»Wenn Sonja schon geschlachtet und gebraten und aufgegessen werden muß, dann will wenigstens nicht ich sie in meinem Bauch haben!« schrie ich Mama an.
Papa nahm Opa die Gans ab und legte sie in meine Arme.
»Mach mit ihr, was du willst«, sagte er.
Ich hörte schlagartig auf zu weinen und lachte.
»So muß es sein«, sagte Papa zufrieden, »schließlich ist Weihnachten.«

Ich hielt Sonja ganz fest. Ich trug sie ins Haus.
Mama wollte etwas sagen, aber Papa sah sie an – er hatte mir ja erlaubt, daß ich mit Sonja machen konnte, was ich wollte. Und ich wollte nicht, daß sie irgendwo allein in einem fremden Stall war, wo sie eben noch geschlachtet werden sollte.
Sonja feierte mit uns zusammen Heiligabend. Sie sah uns zu, wie wir Kartoffelsalat aßen, Bratäpfel, Pfefferkuchen, Stollen, Schokolade, Nüsse – so viele verschiedene Köstlichkeiten –, aber keinen Gänsebraten!
Seitdem gehört Sonja zu unserer Familie. Wir haben uns alle an sie gewöhnt. Außer Patschke, der jedesmal bellt, wenn sie in die Küche kommt. Sonja liebt unsere Küche eben. Sie steht da, reckt ihren langen Hals und neigt ihren Kopf nach links und rechts, um alles genau zu begucken. Dann setzt sie sich neben den Herd, zieht die Beine in die Federn, legt den Kopf unter ihren Flügel und schläft ein.
Nein, ich glaube, sie ahnt wirklich nicht, daß sie in diesem Herd fast gebraten worden wäre!
Als wir Heiligabend genug gegessen, genug gesungen, genug Weihnachtsbaum angeschaut und genug Geschenke verteilt und bekommen hatten, stiegen wir noch einmal auf unseren Berg hinauf.
Vogelsang war verzaubert in der Heiligen Nacht. Das Gras, die Zweige, der Weg, die Häuser – alles glitzerte silberweiß.
Das ist Rauhreif, erklärte mir Opa. Rauhreif ist mindestens so schön wie Schnee!
Ich breitete die Arme aus und schwebte in den Rauhreif hinein.
Über Vogelsang hatten sich wieder alle Sterne versammelt, die es im Himmel gibt.

Ich schwebte zu ihnen hinauf und sah auf Vogelsang hinab. Ich habe in jedem Haus den Weihnachtsbaum gesehen, und hinter dem Fenster von Herrn Moitin sah ich ihn auch.
Die ganze Welt lag unter mir ausgebreitet, und tausend und noch mehr Lichter flimmerten und blinkerten.
»Hejaaa!« schrie ich und schwebte eine Runde um die Bergkuppe.
»Vorsicht!« ermahnte mich Mama. »Fall nicht hin! Es ist glatt!«
»Ich halt mich ja fest«, beruhigte ich sie, »da kann mir nichts passieren.«
»An wem denn?« fragte Mama verwundert.
Und ich antwortete: »An Gott.«

Papa zweifelte, ob Gott gerade jetzt bei mir sein und auf mich aufpassen könnte, wo doch zur selben Zeit viel schlimmere und gefährlichere Dinge passierten auf der Welt.
Aber Papa weiß eben nicht, daß Gott nicht bei mir sein muß. Ich bin ja bei ihm.
»Wir sind doch alle in seinem Kinderzimmer!« rief ich meinem Papa zu, der mir ungläubig nachsah, wie ich davonschwebte.
In dieser Nacht schlief ich wirklich nicht. In dieser Nacht merkte ich nämlich, daß irgendwann Mama noch einmal in mein Zimmer kam. Sie trat an mein Bett, ohne Licht anzuschalten, und streichelte mich. Das war so schön. Ich bat Mama, es von nun an jede Nacht zu tun.
Da sagte Mama etwas Merkwürdiges.
Sie flüsterte: »Mein Liebling, das tu ich auch. Ich komm jede Nacht zu dir, bevor ich ins Bett geh, und streichel dich. Nur schläfst du dann.«
Ich soll geschlafen haben? Nein, das glaube ich nicht. Ich schlafe doch fast nie!

Carmen Blazejewski, 1954 in Grimma/Sachsen geboren. Nach dem Studium der Theaterwissenschaften Dramaturgin an der Volksbühne Berlin, danach im DEFA-Studio für Spielfilme in Babelsberg. Seit 1986 freie Autorin. Schreibt Drehbücher, Hörspiele und Theaterstücke sowie Prosa und Lyrik für Kinder und Erwachsene. Wurde bereits mehrfach ausgezeichnet. »Das Kinderzimmer vom lieben Gott« ist ihr erstes Kinderbuch.

Katrin Engelking, 1970 in Bückeburg geboren. Fühlte sich schon in ganz jungen Jahren zu den schönen Künsten hingezogen. Nach dem Abitur Studium an der Fachhochschule für Gestaltung in Hamburg. 1994/95 erste Aufträge von Kinder- und Jugendbuchverlagen, unter anderem für das Erstlesebuch »Anna wünscht sich einen Hund« von Bettina Obrecht (Oetinger).